Una invitación al discipulado

Sobre la Roca

Cómo crecer en la vida cristiana

John Stott

Stott, John
    Sobre la roca - 2ª ed. – Buenos Aires : Certeza Unida, 2007.
240 p. ; 16x23 cm.

    ISBN: 978-950-683-133-2

    1. Espiritualidad. I. Título
CDD 248

Título en inglés: *Christian Basics*

Excepto cuando se indica lo contrario, las citas de las Escrituras en esta publicación han sido tomadas de la *Nueva Versión Internacional* de la Biblia, 1999.

Traducción: David Powell
Edición literaria: Adriana Powell
Diagramación: Miguel Collie
Fotografía: David Neilson

Ediciones Certeza Unida es la casa editorial de la Comunidad Internacional de Estudiantes Evangélicos (CIEE) en los países de habla hispana. La CIEE es un movimiento compuesto por grupos estudiantiles que buscan cumplir y capacitar a otros para la misión en la universidad y el mundo. Más información en:

Andamio, Alts Forns 68, Sótano 1, 08038, Barcelona, España. *editorial@publicacionesandamio.com* | *www.publicacionesandamio.com*

Certeza Argentina, Bernardo de Irigoyen 654, (C1072AAN) Ciudad Autónoma de Buenos Aires, Argentina. *certeza@certezaargentina.com.ar*

Lámpara, Calle Almirante Grau Nº 464, San Pedro, Casilla 8924, La Paz, Bolivia. *coorlamp@entelnet.bo*

Contenido

Guías de estudio
Cómo usarlas

Elementos básicos

Un simple bosquejo para un estudio breve, basado enteramente en el capítulo que le antecede. Puede ser usado por un lector individual, o por un grupo de estudio. Llevará entre 30 y 60 minutos, según la minuciosidad con que se analicen las preguntas, y la celeridad con la que se proceda.

Preguntas   Basadas en el capítulo respectivo. Compara tu respuesta con lo que escribió John Stott; si no puedes redactar la respuesta usa las palabras del propio autor para ayudarte a formularla.

Si estudias solo, escribe las respuestas en forma de notas, si lo deseas.

Si se trata de un grupo, consideren las preguntas juntos; dediquen unos minutos a pensar en la pregunta individualmente, luego comparen las respuestas. A veces puede resultar provechoso hacer esto en grupos de dos, de tres o de cuatro, en lugar de hacerlo con el grupo entero. Cuando se te pregunte cómo contestarías o cómo se lo explicarías a alguien, puede resultar útil intentar una conversación con alguien que realmente sienta que necesita una explicación, o que simule necesitarla.

Una promesa Encontrarás la lista en la página 45. Aprende uno de esos versículos de memoria, para que te sirva en momentos de duda o de tentación.

Una oración Tomada de la selección en las páginas 223–229. Repite la oración elegida, como una manera de responder a Dios tocante al tema de cada capítulo. Desde luego que puedes agregar tus propias palabras a la oración.

Elementos adicionales

Otros modos de estudiar el tema del capítulo. Podrías agregarlos a los ya mencionados, si tienes tiempo; o reemplazar uno de ellos por uno de estos.

Estudio bíblico Aquí tienes un pasaje bíblico más largo que se refiere a aspectos adicionales sobre el tema de ese capítulo. Si no hay tiempo para estudiarlo de inmediato, podrías leerlo posteriormente, antes de iniciar el capítulo siguiente.

En grupo Si estudias este libro como parte de un grupo, aquí tienes una propuesta que te ayudará a compartir ideas y experiencias con los demás. Puede quedar bien al comienzo de la sesión, o tal vez al final.

Aplicación Aquí tienes una forma diferente de responder a Dios, que puede ir a la par de las oraciones sugeridas desde la página 220.

Comprobación Una pregunta personal y desafiadora que sintetiza el propósito principal del capítulo. Considérala en la presencia de Dios, en actitud de oración, y procura contestarla honestamente.

Si tu respuesta es 'No', o 'No estoy seguro', ¿a quién podrías consultar o qué medidas deberías tomar? Es posible que el líder del curso quiera analizar la pregunta en conversaciones personales con cada uno de los miembros del grupo.

Introducción

Antes de decidir si voy a leer un libro, siempre quiero saber a quién o a quiénes se dirige el autor, y qué lo ha impulsado a escribir. Es posible que estos pensamientos sean justamente los que ocupan tu mente al tomar en tus manos este libro. De manera que me propongo a contestar las preguntas.

Al escribir he tenido en mente tres grupos principales de personas.

El primer grupo comprende a *los que han aceptado a Jesucristo recientemente.* Es posible que tú entres en esta categoría. Hace poco que has tomado la decisión de acudir a Cristo personalmente, con espíritu de arrepentimiento y fe, has resuelto ponerte en sus manos como tu Salvador y Señor. Este es un comienzo indispensable para comenzar la vida cristiana. Pero no es más que un comienzo. Ahora se presenta ante ti el largo camino del peregrinaje cristiano. Quieres seguir a Cristo por su senda. Pero, ¿cómo puedes prepararte para emprender el viaje? ¿Qué cosas debes creer? ¿Cómo has de comportarte? ¿Qué puedes hacer para crecer? Estas son algunas de las preguntas que intento contestar en estas páginas.

En segundo lugar, tengo en mente a *quienes se están preparando para ingresar como miembros de la iglesia,* ya sea por medio del bautismo o de alguna otra manera. Prácticamente todas las iglesias tienen requisitos y procedimientos para el que desea ser recibido como miembro. Lo que se exige para este fin varía. En algunos casos se considera suficiente una simple confesión de fe en Jesucristo. En otros se prepara un curso de estudio bastante completo, y hay mucha sabiduría en proceder así. Más todavía, el período de preparación para ingresar como miembro de la iglesia es una oportunidad para que la persona medite en lo que significa ser cristiano en el mundo de nuestros días.

Tercero, pienso en *quienes llevan muchos años como cristianos*. Habiendo aceptado a Cristo, y habiendo ingresado en la iglesia mucho tiempo atrás, apenas recuerdan la instrucción recibida antes de hacerse miembros. En consecuencia, sienten la necesidad de someterse a un curso de repaso sobre los fundamentos cristianos.

¿Qué terreno abarca, entonces, este libro? Antes de salir a pasear por el campo, ya sea a pie o en automóvil, a menudo resulta conveniente consultar un mapa, con el fin de saber con claridad hacia dónde queremos encaminarnos, y lo que tendremos oportunidad de ver. Es útil tener un panorama completo, a vuelo de pájaro, del camino que hemos de recorrer, antes de iniciar la excursión.

El mapa del discipulado cristiano que he intentado trazar incluye las tres áreas denominadas 'los comienzos del cristiano', 'las creencias del cristiano' y 'la vida del cristiano'.

Los comienzos

Los comienzos son cruciales. Tenemos que nacer antes de poder crecer, poner fundamentos sólidos antes de construir un edificio, y dominar el alfabeto antes de poder leer y escribir eficientemente. En relación con los comienzos del cristiano, tres cuestiones básicas han ocupado mi atención.

Primero, ¿cómo se hace cristiana una persona? Hay tanta confusión en torno a esta cuestión que no puede ser omitida. Algunas personas ponen su confianza en el hecho de haber sido criadas en un hogar cristiano, otras en su bautismo, otras en la asistencia a los cultos de la iglesia en forma regular, y otras en su recta conducta. No obstante, si bien todas estas cosas son importantes en su propio lugar, de ninguna manera pueden sustituir a Jesucristo mismo ni a la relación personal con él. Es aquí donde los autores del Nuevo Testamento ponen el acento.

En segundo lugar, ¿cómo puede una persona estar segura de que es cristiana? Vivimos en una era de duda e incertidumbre. Las personas tienen menos y menos certeza sobre más y más cosas. Quienes se atreven a decir que 'saben' algo tienden a ser considerados presuntuosos, y hasta fanáticos. Sin embargo, en este capítulo en particular, intento demostrar que Dios nos ha proporcionado bases sólidas sobre las que podemos afirmar nuestra confianza.

Tercero, ¿cómo podemos crecer como cristianos? Son demasiadas las personas cuyo desarrollo queda detenido. Tal vez nacieron de nuevo, pero nunca llegan a madurar espiritualmente. Quedan 'bebés'. En este capítulo analizo los medios mediante los cuales crecemos y me ocupo de indagar en aquellas esferas en las que Dios quiere que crezcamos: el conocimiento, la fe, el amor, y la semejanza a Cristo. Una vez que se cumplen las condiciones necesarias, el crecimiento cristiano es un proceso natural y gradual.

Las creencias

En la segunda sección de este libro pasamos de 'Los comienzos del cristiano' a 'Las creencias del cristiano', con el fin de considerar lo que creen los cristianos y por qué. El temperamento contemporáneo antiintelectualista hace que esta investigación sea particularmente importante. Triste es decirlo, pero la verdad es que muchos cristianos nunca usan la mente que Dios les ha dado, para ocuparse de su fe. En cambio, se conforman con creencias de segunda mano, que han tomado de sus padres, de sus pastores o de las tradiciones de la iglesia, y no las analizan. Algunos sólo se apoyan en experiencias emocionales como base de su discipulado. Descuidar el uso de la mente es un insulto al Dios que nos hizo seres racionales a su imagen, y empobrece nuestra vida. La fe y la razón, lejos de oponerse, se apoyan mutuamente. Si no crecemos en cuanto a nuestra manera de pensar (como lo expresa Pablo en 1 Corintios 14.20), jamás creceremos en lo que respecta a nuestra fe.

Cuando analizamos el cristianismo, comprobamos que la fe cristiana es de carácter trinitario. El Credo de los Apóstoles se elaboró expresamente en forma trinitaria. Es decir, expresa nuestra común confianza en Dios Padre, Hijo, y Espíritu Santo.

La fe y la vida cristiana significan que podemos disfrutar del acceso al Padre por medio del Hijo y por el Espíritu.

Este hecho también reviste gran importancia. Porque son muchas las personas que dicen creer en 'Dios', sin sentir ninguna necesidad de Jesucristo. A otras personas les preocupa tanto Jesucristo que poco se ocupan del Padre o del Espíritu. Otras más se dejan atrapar totalmente por el Espíritu Santo, y olvidan que el Espíritu nos habilita para decir tanto '¡Abba! ¡Padre!' como 'Jesús es el Señor' (Romanos 8.15–16; 1 Corintios 12.3). De modo que una fe y una vida cristiana equilibradas significa que podemos disfrutar del acceso al Padre por medio del Hijo y por el Espíritu.

En primer lugar, entonces, creemos en Dios Padre, quien creó y sostiene el universo y lo que este contiene. Nosotros mismos somos criaturas suyas, que dependemos de él para nuestra vida y nuestra salud. Por medio de Cristo somos también hijos suyos, que dependemos de su gracia para el perdón y la constante renovación.

Segundo, creemos en Jesucristo, en su verdadera humanidad y verdadera deidad, en su nacimiento virginal, en su muerte expiatoria, y en su resurrección corporal. Ahora esperamos con anhelo su regreso con poder y gloria, para llevar a cabo la consumación de todas las cosas. Los fundamentos de estas verdades son muy sólidos.

Tercero, creemos en el Espíritu Santo, porque él también es Dios, y plenamente personal. No sólo estuvo activo en el proceso de creación y revelación, sino que comparte la tarea de mantener el universo en funcionamiento. En particular, atrae a las personas hacia Cristo, hace que podamos creer en Cristo, forma la persona de Cristo en nosotros, y constituye a la iglesia en el cuerpo de Cristo. Por sobre todas las cosas, el Espíritu se deleita en dar testimonio de Cristo en todas estas formas.

La vida cristiana

La tercera sección del libro se centra en 'La vida del cristiano', comenzando con la conducta en lo moral. Hacemos un nuevo análisis de los Diez Mandamientos, a la luz del Sermón del Monte, y descubrimos lo extraordinariamente pertinentes que son para nuestra vida hoy. Las normas cristianas de conducta no han cambiado.

Luego vienen dos capítulos que se ocupan de lo que tradicionalmente se llaman 'los medios de gracia', es decir, los medios de que se vale Dios para refinar, fortalecer y desarrollar nuestro discipulado cristiano. El primero se denomina 'La lectura de la Biblia y la oración', y concentra la atención en el lugar vital que deben ocupar estos elementos en nuestros momentos devocionales privados. El segundo es 'La comunión entre los creyentes y la cena del Señor', que se ocupa de la necesidad de ser miembro de una iglesia, del culto público, y de la asistencia fiel a la cena del Señor.

El último capítulo se titula 'El servicio para Cristo'. Habiendo recalcado que *toda* persona cristiana ha sido llamada a dar su vida en alguna forma de servicio, como Jesús el siervo, quien no 'vino para que le sirvan, sino para servir' (Marcos 10.45), sugiero cinco esferas principales de servicio cristiano, a modo de círculos concéntricos, comenzando con nuestro propio hogar y nuestro trabajo, para continuar por la iglesia local y nuestra comunidad local, hasta llegar a la preocupación por cuestiones globales.

En cualquier etapa en que te encuentres en tu peregrinaje espiritual, mi esperanza y mi oración es que algo de este pequeño manual pueda ayudarte a '[crecer] en la gracia y en el conocimiento de nuestro Señor y Salvador Jesucristo' (2 Pedro 3.18).

Parte I

Los comienzos de la vida cristiana

Al procurar definir lo que es un cristiano, se hace necesario trazar una distinción entre cristianos 'nominales' y 'comprometidos'. Puede parecer ofensivo, y por cierto que resulta desagradable tener que distinguir, pero al hacerlo no hacemos más que seguir a los autores bíblicos, quienes ponen mucho énfasis en la diferencia entre una profesión externa y la realidad interna. Es posible ser cristiano de nombre sin serlo de corazón.

1
Cómo llegar a ser cristiano

Son tantas y tan diversas las concepciones erróneas acerca del cristianismo en nuestros días, que me veo en la necesidad de ocuparme de ellas en primer lugar. Con frecuencia es preciso demoler antes de poder construir. ¿Cuál es, entonces, la esencia del cristianismo?

Lo que el cristianismo no es

En primer lugar, el cristianismo no es fundamentalmente un *credo*. Son muchas las personas que creen que lo es. Se imaginan que si pueden recitar el Credo de los Apóstoles de comienzo a fin sin reserva mental alguna, esto las convertirá en cristianas. Conversando hace algunos años con un médico, recuerdo haberle preguntado qué era un cristiano en su concepto. Después de pensar un momento contestó: 'Cristiano es alguien que presta asentimiento a ciertos dogmas.' Pero su respuesta resulta inadecuada hasta el punto de ser inexacta. Por cierto que el cristianismo tiene un credo, y que lo que cree el cristiano reviste mucha importancia, pero es posible prestar asentimiento a todos los artículos de la fe cristiana y no ser cristiano. La mejor demostración de esto es el diablo. Como lo expresó Santiago: '¿Tú crees que hay un solo Dios? ¡Magnífico! También los demonios lo creen, y tiemblan' (Santiago 2.19).

En segundo lugar, el cristianismo no es fundamentalmente un *código de conducta*. Sin embargo, muchas personas creen que lo es, y hasta contradicen a las personas que pertenecen a la primera categoría. 'En realidad no importa lo que uno crea', dicen, 'siempre que uno lleve una vida decente.' De manera que luchan por guardar los Diez Mandamientos, por vivir de conformidad con las normas del Sermón del Monte, y por cumplir la regla de oro. Todo lo cual está muy bien y es muy noble, pero la esencia del cristianismo no es la ética. Desde luego, tiene una ética, incluso la ética más elevada que el mundo jamás haya conocido, con su ley suprema del amor. Con todo, es posible vivir una vida recta y no ser cristiano, como pueden demostrar muchos agnósticos.

Tercero, el cristianismo no es fundamentalmente un *culto*, empleando este término en el sentido de 'un sistema de adoración religiosa', y un núcleo de ceremonias. Por supuesto que el cristianismo tiene ciertas observancias. El bautismo y la santa comunión, por ejemplo, fueron instituidos por Jesús mismo, y siempre han sido disfrutados por la iglesia desde entonces. Ambos son preciosos y provechosos. Más todavía, ser miembro de la iglesia y asistir a los cultos constituyen partes necesarias de la vida cristiana; también lo son la oración y la lectura de la Biblia. Pero es posible participar en todas estas prácticas y, no obstante, no comprender qué es lo central del cristianismo. Los profetas del Antiguo Testamento denunciaban constantemente a los israelitas por su religión hueca, y Jesús criticaba a los fariseos por la misma razón.

De manera que el cristianismo no es un credo, ni un código, ni un culto, por importantes que sean todos ellos en el lugar que les corresponde. En esencia no es un sistema intelectual, como tampoco un sistema ceremonial. Pero debemos ir más lejos todavía. El cristianismo no lo constituyen estas tres cosas juntas. Es perfectamente posible (si bien raro por lo difícil) ser ortodoxo en las creencias, recto en conducta, y cumplir las observancias religiosas a conciencia, y no obstante pasar por alto la médula del cristianismo.

El Club Santo de John Wesley

Tal vez el mejor ejemplo histórico de esto sea Juan Wesley en sus días en Oxford, antes de su conversión. Él, su hermano Carlos, y algunos de sus amigos, fundaron una sociedad religiosa en 1729, sociedad que con el tiempo se hizo conocer como el Club Santo. Al parecer sus miembros eran personas admirables en todo sentido. Primero, eran ortodoxos en cuanto a su fe. No sólo aceptaban el 'Credo apostólico', el 'Credo Niceno', y el 'Credo de Atanasio', sino también los 'Treinta y nueve artículos' de la Iglesia de Inglaterra.

Segundo, vivían una vida impecable. Se reunían varias noches por semana, estudiaban libros instructivos, y procuraban perfeccionar su agenda diaria, de tal manera que cada minuto del día tuviese una actividad responsable. Luego comenzaron a visitar a los presos en el Castillo de Oxford y en el Bocardo (cárcel para deudores). Luego fundaron una escuela en una zona pobre, pagaban el sueldo del maestro y vestían a los niños de su propio bolsillo. Estaban llenos de buenas obras.

Tercero, eran sumamente religiosos. Concurrían al culto de comunión todas las semanas, ayunaban los miércoles y viernes, guardaban las horas canónicas de oración, observaban el sábado como día de descanso, además del domingo, y se regían por la severa disciplina de Tertuliano, el primitivo padre de la iglesia latina.

Mas, a pesar de esta extraordinaria combinación de ortodoxia, filantropía, y piedad, Juan Wesley reconoció posteriormente que él no era cristiano en absoluto en esa época. Al escribirle una carta a su madre le confesó que, si bien su fe quizá fuese la de 'esclavos', por cierto que no era la de 'hijos'. Para él la religión significaba esclavitud, no libertad.

En 1735 viajó a Georgia, en los Estados Unidos, como capellán de los colonizadores y como misionero a los indios. Pero dos años más tarde, profundamente desilusionado, regresó a Inglaterra. Escribió en su diario: 'Fui a Norteamérica a convertir a los indios; pero, ¡oh!, ¿quién me convertirá a mí?' Y esto: '¿Qué he aprendido yo mismo mientras tanto? Pues, lo que yo menos sospechaba, que yo mismo, que fui a Norteamérica a convertir a otros, no me había convertido jamás a Dios.'[1]

Qué es el cristianismo

¿Qué era, por lo tanto, lo que le faltaba? Si la esencia del cristianismo no es un credo, ni un código, ni un culto, ¿en qué consiste? ¡El cristianismo es Cristo! No es primordialmente un sistema de ninguna clase; es una persona, y una relación personal con esa persona. Entonces sí otros elementos encajan donde corresponde: nuestras creencias y nuestra conducta, nuestra calidad de miembros y la asistencia a los cultos, y nuestra práctica devocional privada y pública. Pero un cristianismo sin Cristo es como un marco sin el cuadro, un estuche sin la joya, un cuerpo sin aliento. El apóstol Pablo lo expresó sucintamente en su Carta a los Filipenses. Habiendo descrito a los cristianos como los que 'nos enorgullecemos en Cristo Jesús y no ponemos nuestra confianza en esfuerzos humanos', siguió diciendo:

> Sin embargo, todo aquello que para mí era ganancia,
> ahora lo considero pérdida por causa de Cristo.
> Es más, todo lo considero pérdida por razón del
> incomparable valor de conocer a Cristo Jesús, mi
> Señor. Por él lo he perdido todo, y lo tengo por
> estiércol, a fin de ganar a Cristo y encontrarme unido
> a él. No quiero mi propia justicia que procede de la
> ley, sino la que se obtiene mediante la fe en Cristo,
> la justicia que procede de Dios, basada en la fe.
>
> Filipenses 3.7–9

Aprendemos de esta gran afirmación personal de Pablo que, antes que nada, ser cristiano es *conocer a Cristo como nuestro amigo*. Es posible que 'amigo' suene demasiado familiar. Pero Jesús mismo usó esa palabra cuando dijo 'los he llamado amigos' (Juan 15.15). Además, todos los autores del Nuevo Testamento hablan de una relación íntima con él. Pedro dice que 'ustedes lo aman a pesar de no haberlo visto' (1 Pedro 1.8). Juan escribe que 'estamos con el Verdadero, con su Hijo Jesucristo' (1 Juan 5.20).

Y Pablo da testimonio del 'incomparable valor de conocer a Cristo Jesús, mi Señor' (Filipenses 3.8). No se está refiriendo a un conocimiento intelectual acerca de Cristo, sino a un conocimiento personal de él. Todos sabemos cosas acerca de Cristo: su nacimiento e infancia, su trabajo, sus palabras y sus obras, su muerte y resurrección. La cuestión es si podemos decir con integridad que lo conocemos a él, que él es la suprema realidad en nuestra vida.

Ser cristiano es conocer a Cristo como nuestro amigo.

Pablo lo expresó de una forma que probablemente apele a comerciantes y empresarios, porque esbozó una especie de cuenta de ganancias y pérdidas. Anotó en una columna todo lo que anteriormente le parecía beneficioso: su alcurnia, su herencia, su crianza, su educación, su justicia, y su celo religioso. En la otra columna anotó simplemente 'conocer a Cristo Jesús'. Luego hizo un cálculo cuidadoso y llegó a la conclusión de que en comparación con el 'incomparable valor de conocer a Cristo Jesús, mi Señor', todo lo demás era pérdida. Vale decir, conocer a Cristo es una experiencia de valor tan insuperable que, comparado con ella, hasta las cosas más preciadas de nuestra vida parecen basura. Es esta una afirmación tanto sorprendente como desafiadora.

Ganar a Cristo

Segundo, ser cristiano es *confiar en Cristo como nuestro Salvador*. Pablo no sólo escribe sobre 'conocer a Cristo', sino también sobre 'ganar a Cristo' y 'encontrar[se] unido a él'. A continuación explica esto en función de un importante contraste: 'No quiero mi propia justicia que procede de la ley (es decir, de obedecerla), sino la que … procede de Dios, basada en la fe' en Cristo. Suena complicado, pero es posible desentrañarlo sin mayor dificultad. Tiene que ver con la 'justicia'. ¿Qué quiso decir Pablo?

Puesto que Dios es justo, es razonable pensar que si hemos de entrar en su presencia, nosotros también tenemos que ser justos. Pero, ¿dónde podemos recibir la esperanza de obtener una justicia que nos ponga en condiciones para entrar en la presencia de Dios? No hay sino dos respuestas posibles a este interrogante. La primera es que podemos intentar establecer nuestra propia justicia mediante nuestras buenas obras y el cumplimiento de observancias religiosas. Muchos hacen este intento. Pero es un intento que está destinado al fracaso, porque a la vista de Dios 'todos nuestros actos de justicia son como trapos de inmundicia' (Isaías 64.6). Todo aquel que haya tenido la menor vislumbre de la gloria de Dios, se ha sentido sobrecogido por la visión, y por un sentido de su propia pecaminosidad. Por consiguiente, es imposible que nos hagamos lo suficientemente buenos para Dios. Si creemos que podemos, ha de ser porque tenemos un concepto muy bajo de Dios, o una opinión demasiado elevada de nosotros mismos, o probablemente ambas cosas.

Confiar en Cristo

La única alternativa a nuestro propio intento de lograr una posición correcta ante Dios es la de que la recibamos como un don gratuito de Dios, mediante el recurso de poner nuestra confianza en Cristo Jesús. Porque Cristo Jesús mismo vivió una vida perfectamente justa; no tuvo pecados propios por los que tuviera que hacer expiación. Pero en la cruz se identificó a sí mismo con nuestra injusticia. Él ocupó nuestro lugar, llevó sobre sí nuestro pecado, pagó nuestra pena, murió nuestra muerte. En efecto, 'al que no cometió pecado alguno, por nosotros Dios lo trató como pecador, para que en él recibiéramos la justicia de Dios' (2 Corintios 5.21). Por lo tanto, si acudimos a Cristo y ponemos nuestra confianza en él, se produce un maravilloso y misterioso intercambio. Él lleva nuestros pecados, y en cambio, nos viste con su justicia. En consecuencia, nos presentamos ante Dios 'no confiando en nuestra propia justicia, sino en las múltiples y grandes misericordias de Dios' ('Libro de oración episcopal'), no en los andrajosos trapos de nuestra propia moralidad, sino en el inmaculado manto de la justicia de Cristo. Y Dios nos acepta, no porque nosotros seamos justos, sino porque el justo Cristo murió por nuestros pecados y fue levantado de la muerte.

Esta es la verdad de la que tomó conciencia Juan Wesley cuando el 24 de mayo de 1738 concurrió a una reunión morava en la calle Aldersgate, en el este de Londres. Mientras alguien leía el prefacio de Lutero a su comentario sobre Romanos, en el que Lutero explicaba el significado de la 'justificación por la sola fe', una fe personal en Cristo surgió en el corazón de Wesley. Escribió en su diario: 'Sentí que mi corazón ardía en forma extraña. Sentí que confiaba en Cristo, en Cristo solo para la salvación; y se me dio una seguridad de que él había quitado todos mis pecados, los míos propios, y que me había salvado de la ley del pecado y la muerte.'[2] Las palabras operativas son las de que ahora confiaba 'en Cristo solo para la salvación'. Durante años había confiado en sí mismo (en sus creencias ortodoxas, en sus obras de caridad, y en su celo religioso); pero ahora por fin llegaba al punto de depositar su confianza en Cristo como su Salvador. Nosotros también tenemos que hacer esto mismo.

Tercero, ser cristiano es *obedecer a Cristo como nuestro Señor*. Porque Pablo escribió acerca de conocer a 'Cristo Jesús, mi Señor'. El señorío de Jesús es un concepto muy descuidado en nuestros días. Seguimos dándole crédito de labios para afuera, y a menudo nos referimos a Jesús cortésmente como 'nuestro Señor'. Pero él sigue preguntando, como lo hizo en el Sermón del Monte: '¿Por qué me llaman ustedes 'Señor, Señor', y no hacen lo que les digo?' (Lucas 6.46). 'Jesús es el Señor' es la confesión cristiana más antigua de todas (véanse Romanos 10.9; 1 Corintios 12.3; Filipenses 2.11), y tiene enormes consecuencias. Porque cuando Jesús es verdaderamente nuestro Señor, él dirige nuestra vida, y nosotros le obedecemos con gusto. Más aun, colocamos todos los aspectos de nuestra vida bajo su señorío: nuestro hogar y nuestra familia, nuestra sexualidad y nuestro matrimonio, nuestro trabajo o falta de trabajo, nuestro dinero y nuestras posesiones, nuestras ambiciones y nuestros momentos de ocio.

El compromiso con Cristo

Hemos visto que, esencialmente, el cristianismo es Cristo. Se trata de una relación personal con Cristo como nuestro Salvador, Señor y Amigo. Mas, ¿cómo se logra el compromiso con él de este modo? Quiero sugerir que tenemos que dar los cuatro pasos que siguen: *admitir, creer, considerar* y *hacer*.

Algo para admitir

El primer paso que debemos dar es el de admitir que (para valernos del vocabulario tradicional) somos 'pecadores' y que necesitamos un 'Salvador'. Por 'pecado' la Biblia quiere decir egocentrismo. En el orden de Dios tenemos que amarle a él primero, luego a nuestro prójimo, y finalmente a nosotros mismos. El pecado consiste precisamente en invertir por completo este orden. Consiste en ponernos a nosotros mismos en primer término, luego a nuestro prójimo (cuando nos conviene), y a Dios en algún punto distante más atrás. En lugar de amar a Dios con todo nuestro ser, nos hemos rebelado contra él y hemos seguido nuestro propio camino. En lugar de amar y servir a nuestros prójimos, egoístamente hemos perseguido nuestros propios intereses. En nuestros mejores momentos tenemos conciencia de esto y nos sentimos tremendamente avergonzados.

Más todavía, nuestros pecados nos separan de Dios, por cuanto él es absolutamente puro y santo. Dios no puede tolerar el mal, ni siquiera verlo, como tampoco concertar acuerdos con él. La Biblia representa a Dios como una luz fulgurante y un fuego consumidor. De manera que su 'ira' (lo cual no es ningún tipo de malicia personal, sino su justa hostilidad hacia el pecado) cae sobre nosotros. En consecuencia, nuestra necesidad más grande es de un 'Salvador' que pueda cubrir el abismo que se abre entre nosotros y Dios, dado que los puentes que tratamos de construir nosotros no llegan hasta el otro lado. Precisamos el perdón de Dios para luego iniciar un nuevo comienzo.

Es probable que el primer paso sea el más difícil de encarar, porque nos resulta humillante. Preferimos cultivar nuestra propia dignidad, consolidar la confianza en nosotros mismos, e insistir en que podemos arreglarnos por nuestra propia cuenta. Si nos mantenemos en esta actitud jamás podremos acudir a Cristo en busca de ayuda. Como él mismo lo expresó, 'no son los sanos los que necesitan médico sino los enfermos. Y yo no he venido a llamar a justos (es decir, los que se consideran justos) sino a pecadores' (Marcos 2.17). En otras palabras, así como no vamos al médico a menos que estemos enfermos y lo admitamos, de la misma manera no hemos de acudir a Cristo a menos que seamos pecadores y lo admitamos. La altanera negativa a reconocer esto es lo que ha impedido que muchas personas entren en el reino de Dios, mucho más que cualquier otra cosa. Tenemos que humillarnos y admitir que es imposible que logremos la salvación por nuestra cuenta.

Algo para creer

El segundo paso consiste en tener algo en qué *creer*, es decir, que Jesucristo es justamente el Salvador que acabamos de admitir que necesitamos. De hecho, Jesús reúne cabalmente las condiciones necesarias para salvar a los pecadores, debido a lo que él es y a lo que él ha hecho. ¿Y quién es él? Es el eterno Hijo de Dios, que se encarnó como ser humano en Jesús de Nazaret, y el solo y único Dios–hombre. ¿Y qué fue lo que hizo? Después de un ministerio público caracterizado por un servicio abnegado, se encaminó decididamente a Jerusalén y a la cruz. Ya había predicho que voluntariamente daría su vida por nosotros (Juan 10.11, 18), y que '[daría] su vida en rescate por muchos' (Marcos 10.45). De esta manera indicaba tanto el hecho de que éramos prisioneros que no podíamos escapar, y que el precio que pagaría por nuestra liberación era el sacrificio de su propia vida. Había de morir en lugar de nosotros, en nuestro lugar. Así como adquirió nuestra naturaleza humana al nacer, así también había de cargar sobre sí nuestro pecado y nuestra culpabilidad al morir. Y esto es justamente lo que hizo. En la cruz soportó en su inocente persona la terrible pena que merecían nuestros pecados, a saber, la muerte, que equivale a separación de Dios.

Desde luego que en la fe cristiana hay mucho más que la persona y la obra de Cristo. Pero estas dos realidades son absolutamente centrales. Por supuesto que la persona divina–humana de Jesús, y su muerte por nuestros pecados (la encarnación y la expiación, para darles sus respectivos nombres teológicos), contienen misterios que sobrepasan nuestro entendimiento. Seguiremos tratando de penetrar las profundidades de estos misterios mientras vivamos, y probablemente a través de la eternidad también. A pesar de todo, hay suficientes indicaciones de la realidad de estos hechos del evangelio: el Hijo de Dios se hizo hombre en Jesús de Nazaret, murió por nuestros pecados en la cruz, y fue levantado de entre los muertos para su vindicación. Son estas verdades las que hacen que él pueda salvarnos aun siendo nosotros pecadores; nadie ha reunido jamás estas condiciones.

Algo para considerar

El tercer paso consiste en algo para *considerar*, a saber, que Cristo Jesús quiere ser nuestro Señor, además de ser nuestro Salvador. De hecho él es 'nuestro Señor y Salvador Jesucristo' (por ejemplo 2 Pedro 3.18), y nosotros no tenemos autoridad para partirlo en dos, aceptando una mitad y rechazando la otra mitad. Porque él hace demandas, además de hacer ofrecimientos. Nos ofrece salvación (el perdón y el poder liberador de su Espíritu); y exige nuestra total y decidida lealtad.

Cristo también nos llama al arrepentimiento. Y esto no es simplemente remordimiento, o sea una vaga sensación de pesar y vergüenza; se trata de un decidido repudio de todo lo que sabemos que desagrada a Dios. Tampoco es sólo algo negativo y relacionado con el pasado. Incluye la determinación de seguir el camino de Cristo en el futuro, de ser discípulo suyo, de aprender y obedecer sus enseñanzas (ver Mateo 11.28–30). Jesús les dijo a sus contemporáneos que debían calcular el costo de seguirle. Agregó también que a menos que estemos dispuestos a ponerlo a él en primer lugar, incluso antes que nuestras relaciones, nuestras ambiciones y posesiones, no podemos ser discípulos suyos (Lucas. 14.25–35). Cristo nos llama a observar una lealtad total y entusiasta. Nada menos que esto resulta aceptable.

Algo para hacer

Finalmente, hay algo que *hacer*. Los tres primeros pasos corresponden a una actividad mental. Admitimos que somos pecadores y que necesitamos un Salvador. Creemos que Jesucristo vino y que murió para ser nuestro Salvador. Hemos considerado el hecho de que él quiere ser nuestro Señor también. Pero hasta aquí no hemos hecho nada más. De manera que ahora tenemos que hacer la pregunta que le hizo la multitud a Pedro el día de Pentecostés: 'Hermanos, ¿qué debemos hacer?' (Hechos 2.37). O, más plenamente, lo que el carcelero de Filipos les preguntó a Pablo y a Silas: 'Señores, ¿qué tengo que hacer para ser salvo?' (Hechos 16.30). La respuesta es que cada uno de nosotros tiene que acercarse a Jesús el Cristo personalmente e implorarle que tenga misericordia de nosotros. Una cosa es admitir que necesitamos un Salvador. Otra cosa es limitar la necesidad a Cristo y creer que vino y murió para ser *el solo y único* Salvador que necesitamos. Pero entonces tenemos que pedirle que sea *nuestro* Salvador y *nuestro* Señor. Es este acto de compromiso personal lo que muchas personas pasan por alto.

El versículo que a mí me aclaró esto (casi dieciocho meses *después* de haber dado testimonio público de mi fe, lamento tener que decirlo) es, comprensiblemente, un versículo favorito para muchos cristianos. En el mismo habla el Señor, y esto es lo que dice: 'Mira que estoy a la puerta y llamo. Si alguno oye mi voz y abre la puerta, entraré, y cenaré con él, y él conmigo'

(Apocalipsis 3.20). Jesús se representa a sí mismo como si estuviese ante la puerta cerrada de nuestra personalidad. Está golpeando, con el propósito de llamar nuestra atención a su presencia, y para dar a conocer su deseo de entrar. Luego agrega la promesa de que, si abrimos la puerta, él entrará y comeremos juntos. Es decir, el gozo de la comunión entre nosotros será tan pleno que sólo puede compararse con un banquete.

El acto de abrir la puerta

He aquí, por lo tanto, la cuestión crucial a la que nos hemos venido aproximando. ¿Alguna vez le hemos abierto la puerta a Cristo? ¿Alguna vez lo hemos invitado a pasar? Esta es precisamente la pregunta que era preciso que se me hiciera a mí. Porque, hablando intelectualmente, yo había creído en Jesús toda mi vida, del otro lado de la puerta. Había luchado en forma sistemática, tratando de orar a través del ojo de la cerradura. Incluso había introducido monedas por debajo de la puerta, intentando vanamente pacificar al Señor. Había sido bautizado, sí, y también había dado testimonio público de mi fe como adulto. Concurría a la iglesia, leía mi Biblia, tenía altos ideales, y procuraba hacer el bien y ser bueno. Pero constantemente, y a menudo sin tener conciencia de ello, estaba manteniendo a Cristo a la distancia, obligándolo a quedarse afuera. Sabía que el acto de abrir la puerta podía dar lugar a consecuencias significativas.

Estoy sumamente agradecido al Señor por haber hecho que yo pudiese abrir la puerta. Mirando hacia atrás, habiendo pasado más de cincuenta años, me doy cuenta de que ese sencillo paso cambió enteramente la dirección, el curso, y el carácter de mi vida. Al mismo tiempo, para que nadie tergiverse lo que he escrito, me siento obligado a hacer tres aclaraciones. Primero, no es necesario que la 'conversión' o compromiso con Cristo vaya acompañada de fuertes emociones. Debido a nuestros temperamentos y contextos diversos, nuestras experiencias varían, y no debemos tratar de estereotiparlos. En lo que hace a mí, yo no vi ningún rayo ni oí ningún trueno. Por mi cuerpo no pasó ningún *shock* eléctrico. No *sentí* nada. Pero al día siguiente yo sabía que algo inexplicable me había ocurrido, y a medida que los días se fueron convirtiendo en semanas, en meses, en años, e incluso en décadas, mi relación con Cristo se ha ido profundizando, y ha ido madurando permanentemente.

Segundo, el compromiso con Cristo no es todo. Siguen muchas otras cosas, en la medida en que procuramos adquirir madurez en Cristo. Pero se trata de un comienzo indispensable, algo de lo cual damos testimonio cuando decimos públicamente, 'Acudo a Cristo, me arrepiento de mis pecados, renuncio al mal'. Tercero, no importa en absoluto si, aunque sepamos que nos hemos vuelto a Cristo, no podemos recordar la fecha cuando lo hicimos. Algunos recuerdan la fecha; otros no. Lo que importa no es *cuándo*, sino si *realmente* hemos depositado nuestra confianza en Cristo. Jesús describió el comienzo de nuestra vida cristiana como un segundo 'nacimiento', y esta analogía resulta útil de muchas maneras. Por ejemplo, no somos conscientes de que se haya efectuado nuestro propio nacimiento físico, y jamás habríamos sabido la fecha de nuestro cumpleaños si nuestros padres no nos lo hubiesen dicho. Sabemos que nacimos, aun cuando no lo recordamos, porque disfrutamos de vida en la actualidad, algo que sabemos que tiene que haber comenzado cuando nacimos. Algo semejante ocurre con el nuevo nacimiento.

¿De qué lado de la puerta está Jesucristo? ¿Está afuera o adentro?

Con estas aclaraciones vuelvo al interrogante básico: ¿De qué lado de la puerta está Jesucristo? ¿Está afuera o adentro? Si no estás seguro, te sugiero que te asegures ahora. Podría ser, como lo ha expresado alguien, que tengas que pasar en limpio con tinta lo que ya has escrito con lápiz. Pero esta cuestión es de tal importancia que no debes quedarte con la duda. Puede ser de ayuda alejarte a algún lugar donde puedas estar solo, donde no puedas ser interrumpido. Tal vez podrías volver a leer esta sección sobre 'el compromiso con Cristo'. Luego, si estás listo para dar los pasos que he enunciado, aquí tienes una oración que podrías repetir:

> *Señor Jesús, admito haber pecado contra Dios y contra otros, y que he seguido mi propio camino. Me arrepiento de mi egocentrismo.*
>
> *Te doy gracias por tu gran amor al haber muerto por mí, por haber llevado en mi lugar la pena de mis pecados.*
>
> *Ahora te abro la puerta de mi corazón.*
> *Entra, Señor Jesús. Entra como mi Salvador, para purificarme y renovarme.*
> *Entra como mi Señor, para tomar el control de mi vida.*

Guía de estudio 1
Cómo llegar a ser cristiano

Elementos básicos

Preguntas
1. Si bien en realidad el cristianismo no es un credo, ni un código, ni un culto, ¿es posible ser cristiano sin estas cosas?

2. ¿Cómo explicarías lo fundamental del cristianismo a un amigo que no es cristiano?

3. ¿Cómo y cuándo crees que te hiciste un cristiano comprometido? ¿Te diste cuenta de ello en ese momento, o sólo posteriormente?

Una promesa
La forma en que Cristo nos acepta: Apocalipsis 3.20; Juan 6.37.

Una oración
Para pedir perseverancia para la vida cristiana: la oración número 5 en la página 225.

Elementos adicionales

Estudio bíblico
Filipenses 3.4–14.

En grupo
Cada persona debería presentar información básica sobre sí misma a los demás, completando la frase 'Soy …' con tres datos diferentes. Deben procurar incluir hechos acerca de sí mismos que la mayoría de los demás no conozca ya.

Aplicación

Lee en silencio nuevamente la oración en la página 34, al final del capítulo. Detente unos momentos después de cada párrafo; no pases al siguiente mientras no estés seguro de haberlo comprendido, y que lo puedas expresar sinceramente. Es posible que ya le hayas dicho estas palabras, u otras semejantes, a Jesús; pero no hace daño confirmarlas o repetirlas una vez más.

Comprobación

¿Te consideras un cristiano comprometido?

Lecturas adicionales sugeridas

Ahora que soy cristiano, Jose Young, Puma.

Cómo llegar a ser cristiano, John Stott, Certeza Argentina.

Cristianismo básico, John Stott, Certeza Unida.

Mi corazón, hogar de Cristo, Robert Boyd-Munger, Certeza Unida.

2
Cómo estar seguro de ser cristiano

Una vez que le hemos abierto la puerta a Jesucristo, y que lo hemos invitado a pasar, ¿podemos estar seguros de que efectivamente lo ha hecho? Lo hemos aceptado, ¿pero nos habrá aceptado él a nosotros? Hay quienes insisten en que no podemos saberlo nunca, y que sólo podemos esperar lo mejor. Otros consideran que afirmar que estamos seguros equivale a ser culpables de orgullo y presunción. No obstante, el conocimiento es importante, como lo indica un antiguo proverbio árabe:

> El que no sabe, y no sabe que no sabe,
> > Es un necio: evítalo.
> El que no sabe, y sabe que no sabe,
> > Es un simplón: enséñale.
> El que sabe, y no sabe que sabe,
> > Está dormido: despiértalo.
> Mas el que sabe, y sabe que sabe,
> > Es sabio: síguelo.

El Nuevo Testamento nos promete claramente seguridad, y esta no es incompatible con la humildad. Ábrelo en cualquier parte, y descubrirás que todo él respira un espíritu de tranquila y gozosa confianza que, lamentablemente, brilla por su ausencia en muchas iglesias cristianas en nuestros días. 'Sé en quién he creído', le escribió Pablo a Timoteo, 'y estoy seguro de que tiene poder para guardar hasta aquel día lo que le he confiado' (2 Timoteo 1.12). Las cartas de Juan, en especial, están llenas de afirmaciones acerca de aquello que 'sabemos'. Por ejemplo, 'sabemos que somos hijos de Dios' (1 Juan 5.19). En efecto, nos dice Juan que su propósito principal al escribir su primera carta era proporcionar a sus lectores bases sólidas sobre las cuales afirmar su certidumbre: 'Les escribo estas cosas a ustedes que creen en el nombre del Hijo de Dios, para que sepan que tienen vida eterna' (1 Juan 5.13). Esto les resultará sumamente extraño a quienes consideran la vida eterna como sinónimo del cielo. Pero la frase 'vida eterna' significa la vida de la nueva creación inaugurada por Jesús. Consiste esencialmente en conocer a Dios a través de Jesucristo (Juan 17.3). Comienza ahora y se perfeccionará en el cielo. La certidumbre cristiana tiene que ver con ambos aspectos.

Varias razones indican por qué es deseable tener seguridad. Primero, si Dios quiere que disfrutemos de vida eterna desde ya (algo que indudablemente enseñó Jesús), entonces con seguridad quiere que lo sepamos. Segundo, con frecuencia las Escrituras nos prometen paz y tranquilidad de ánimo. Pero si nuestra conciencia no deja de molestarnos y no tenemos seguridad de haber sido perdonados por Dios, jamás podremos tener paz. Tercero, la certidumbre cristiana es una condición para poder ayudar a otros. ¿Cómo podemos indicarle a otra persona el camino, si nosotros mismos no lo conocemos?

Aceptando, entonces, que un derecho que nos corresponde por haber nacido como hijos de Dios es no sólo el de recibir la vida eterna sino también de saberlo, ¿cómo podemos obtener esa certidumbre? Igual que el trípode de la cámara fotográfica, ella descansa sobre tres soportes, todos los cuales tienen que ser seguros.

1. La obra de Dios Hijo

El primer fundamento de la seguridad cristiana es la obra de salvación que Jesucristo llevó a cabo cuando murió en la cruz. Tenemos que preguntarnos en qué hemos puesto nuestra fe. Si creemos que hemos sido perdonados, y si tenemos la esperanza de ir al cielo al morir, ¿en qué confiamos para el cumplimiento de estas cosas? Si contestamos, como lo hacen algunos: 'Bueno, llevo una vida correcta, voy a la iglesia cada semana', etc., lo primero que notamos es que hemos hablado en primera persona. ¡Exactamente! Es evidente que seguimos confiando en nosotros mismos. De esa forma no vamos a tener seguridad de la salvación; sólo de juicio. Si, por el contrario, contestamos la pregunta con la sola palabra 'Cristo', es decir, 'en el Salvador que murió por mí está mi única esperanza', entonces podemos estar seguros de que hemos sido 'rescatados, sanados, restaurados, perdonados'. Hay un himno que lo expresa muy bien:

> Mi esperanza no descansa en otra cosa
> Que la sangre y la justicia de Jesús;
> No invoco mérito propio alguno,
> Confío enteramente en el nombre de Jesús.
> En Cristo, la sólida roca, me afirmo;
> *Todo otro fundamento es arena movediza.*

Una de las razones de que nuestras propias obras sean como 'arenas movedizas' es que no podemos saber cuándo hemos hecho suficientes obras o, más bien, siempre sabemos que no hemos hecho suficiente, y que nunca podremos. Por contraste, Jesucristo es como 'la roca sólida', porque su obra está completa. Cuando hubo llevado nuestros pecados, exclamó a gran voz, 'Todo se ha cumplido' (Juan 19.30). Más todavía, 'después de ofrecer por los pecados un solo sacrificio para siempre, se sentó a la derecha de Dios' (Hebreos 10.12). El estar sentado es posición de descanso, y la derecha de Dios es el lugar de honor; ambas figuras expresan que Cristo completó la obra que vino a efectuar.

Jesucristo es 'la roca sólida'.

'Todo se ha cumplido'

Esta es la realidad que se grabó en la mente de un joven llamado Hudson Taylor, que posteriormente se graduó como médico y fundó la Misión al Interior de la China (*China Inland Mission*), hoy denominada 'Confraternidad Misionera de Ultramar' (*Overseas Missionary Fellowship*). Tenía en esa época diecisiete años de edad, y estaba de vacaciones. Su madre estaba ausente y, si bien en ese momento él no lo sabía, ella oraba intensamente por la conversión de su hijo. Recorrió distraídamente la biblioteca de su padre, y luego levantó un folleto y lo leyó. He aquí su propio relato de lo que ocurrió:

> Me … impresionó la frase 'la obra terminada de Cristo' … De inmediato las palabras 'Todo se ha cumplido' acudieron a mi mente. ¿Qué era lo que se había cumplido? Inmediatamente respondí: 'La plena y perfecta expiación y satisfacción por el pecado. La deuda de nuestros pecados ha sido saldada, y no sólo la de los nuestros, sino también la de los pecados de todo el mundo.' Luego me vino el siguiente pensamiento: 'Si la obra ha sido terminada, y toda la deuda ha sido pagada, ¿qué queda para que haga yo?' Y tras esta reflexión me vino el gozoso convencimiento, cuando el Espíritu Santo iluminó mi alma, de que no tenía absolutamente nada que hacer sino caer de rodillas, y aceptar a ese Salvador y su salvación, y alabarle por siempre jamás.[3]

De manera que el fundamento primero y principal de nuestra seguridad, por tratarse del único fundamento para la salvación, es 'la obra terminada de Cristo'. Toda vez que nuestra conciencia nos acuse, y nos sintamos agobiados por un sentido de culpa, es preciso que apartemos la vista de nosotros mismos y pongamos la mirada en el Cristo crucificado. Así volveremos a tener paz. Porque la aceptación de nuestra persona delante de Dios no depende de nosotros, y de lo que pudiéramos hacer nosotros mismos, sino enteramente de Cristo, y de lo que él ya ha hecho de una vez y para siempre en la cruz.

2. La Palabra de Dios el Padre

Aceptando que la base fundamental de la certidumbre cristiana es la obra terminada de Dios el Hijo, ¿cómo podemos saber que cuando ponemos nuestra confianza en el Cristo crucificado recibimos perdón y comenzamos una vida nueva? Lo sabemos porque lo dice Dios. La segura Palabra de Dios el Padre apoya y garantiza la obra terminada de Dios el Hijo. Juan lo expresó así: 'Aceptamos el testimonio humano, pero el testimonio de Dios vale mucho más, precisamente porque es el testimonio de Dios, que él ha dado acerca de su Hijo … El que tiene al Hijo, tiene la vida; el que no tiene al Hijo de Dios, no tiene la vida' (1 Juan 5.9, 12). El Padre ha aceptado el sacrificio que el Hijo ha efectuado por nuestros pecados. Demostró públicamente su aprobación al levantarlo de entre los muertos y colocarlo a su diestra. Y ahora promete otorgar vida eterna a quienes confíen en él. Creer lo que Dios dice no nos muestra como soberbios. Al contrario, sería presuntuoso ponerlo en duda: 'El que no cree a Dios lo hace pasar por mentiroso, por no haber creído el testimonio que Dios ha dado acerca de su Hijo. Y el testimonio es éste: que Dios nos ha dado vida eterna, y esa vida está en su Hijo' (1 Juan 5.10 11).

Por lo tanto, si nuestra certidumbre descansa fundamentalmente en la Palabra de Dios acerca de la obra de Cristo, no dependerá de nuestras sensaciones. Las sensaciones constituyen un índice poco confiable de nuestra verdadera condición espiritual. Bajan y suben como el sube y baja de los niños, justamente; o como el balanceo del columpio. Ascienden y descienden como el barómetro, y suben y bajan como la marea del mar. Nuestro estado de ánimo depende mucho de nuestra salud. Los sentimientos también reflejan el estado de nuestra cuenta bancaria, la proximidad de las vacaciones, y el peso de los problemas y las responsabilidades que tenemos que enfrentar. Es por ello que la Biblia y las biografías cristianas contienen muchos relatos sobre creyentes que han aprendido a desconfiar de sus sensaciones o sentimientos y a confiar, en cambio, en las promesas de Dios. Los sentimientos fluctúan, pero 'la palabra del Señor permanece para siempre' (1 Pedro 1.25, que cita a Isaías 40.8).

Las promesas de Dios

Los cristianos sabios aprenden de memoria el mayor número posible de las 'preciosas y magníficas promesas' de Dios (2 Pedro 1.4), y las atesoran en la mente. Es bueno hacerlo, porque en tiempos de ansiedad, de indecisión, de soledad, o de tentación, podremos recordar una promesa apropiada, apoyarnos en ella, y centrar nuestros pensamientos en ella. Al final de este capítulo ofrezco una lista de promesas de Dios. Puede resultar útil comenzar a aprenderlas de memoria. Desde luego que tenemos que tomar debida nota de las circunstancias en las que Dios hizo cada una de esas promesas, a fin de no sacarlas de su contexto. Ese es el problema de las antiguas 'cajitas de promesas'. Las cajitas contenían promesas bíblicas, cada una de las cuales aparecía impresa en un pequeño trozo de papel, enrollado y atado con una pequeña cinta. Los creyentes sacaban una promesa cualquiera, sin tener en cuenta la situación original en la que había sido hecha. Por contraste con este método azaroso, es preciso que nos aseguremos de que una promesa pueda aplicarse legítimamente a la situación por la que atravesamos. Así podremos, con humildad, pero también confiadamente, hacerla nuestra, y de este modo '[imitar] a quienes por su fe y paciencia heredan las promesas' (Hebreos 6.12).

Esta es la lección que Cristiano aprendió en esa gran alegoría de Bunyan titulada *El progreso del peregrino*. Cristiano y su compañero Confiado se encontraron cierto día en el 'Castillo de la duda', como prisioneros del cruel y despiadado gigante Desesperación. Fueron pasando los días, y no parecía haber posibilidad alguna de escapar, hasta que una noche, mientras oraban, Cristiano hizo un descubrimiento maravilloso, que de inmediato compartió con Confiado: "¡Qué estúpido soy de estar tirado en un inmundo calabozo, cuando en realidad puedo caminar con toda libertad! Tengo una llave, llamada Promesa, que con seguridad puede abrir cualquier cerrojo del 'Castillo de la duda.'" Valiéndose de esa llave, 'la puerta se abrió de par en par sin dificultad', y los prisioneros 'escaparon velozmente'.

Consciente de la debilidad de nuestra fe, Dios no nos ha dado las promesas del evangelio en forma cruda o desnuda; las ha 'envuelto' en signos visibles y tangibles: el bautismo y la cena del Señor. Una de las principales funciones de estos signos consiste en despertar, orientar, y fortalecer nuestra fe. Para simplificar podríamos decir que son 'signos externos y visibles de un don interior y espiritual de parte de Dios'. De manera semejante, una de las homilías del siglo dieciséis (que eran modelos de sermones para uso de los clérigos) denomina a ambos ritos 'signos visibles a los que se anexan promesas'. Más sencillamente todavía, el bautismo y la santa cena son 'palabras visibles' (Agustín), promesas dramatizadas.

Los seres humanos utilizamos signos para transmitir y confirmar nuestras promesas. 'Olvidaré todo el pasado y seré tu amigo', le dice alguien a otra persona con la que estaba enemistada, y le extiende la mano como indicación de su ofrecimiento de reconciliación. 'Te amo', le dice el esposo a su mujer, y la cubre de besos. 'Serviré siempre a mi país', dice el soldado, mientras saluda a la bandera. Nuestra vida cotidiana se enriquece mediante muchas señales externas y visibles de esta clase. Garantizamos nuestra amistad con un apretón de manos, nuestro amor con un beso, nuestra lealtad con un saludo.

Las promesas de Dios

Nuestra aceptación por Cristo
Apocalipsis 3.20; Juan 6.37.

Vida eterna
Juan 5.24; 6.47; 10.28.

Perdón diario
1 Juan 1.9.

Presencia constante de Cristo en nosotros
Mateo 28.20; Hebreos 13.5–6.

Sabiduría divina
Santiago 1.5.

Fortaleza ante la tentación
1 Corintios 10.13.

Respuestas a la oración
Juan 15.7.

Paz profunda
Filipenses 4.6–7.

Fidelidad de Dios
Josué 1.9; Isaías 41.10.

Guía divina
Salmo 32.8–9.

Dos grandes 'signos visibles'

De manera similar, los dos grandes 'signos visibles' del evangelio se denominan así porque dramatizan las promesas del evangelio, y tienen como fin estimular nuestra fe, con el propósito de que las hagamos nuestras. En el bautismo la señal externa y visible es el agua. Esta representa el 'lavamiento celestial', o la limpieza interior del pecado mediante la sangre de Cristo, algo que todos necesitamos y que se nos ofrece en el evangelio, juntamente con la promesa del Espíritu Santo. También pone de manifiesto que compartimos la muerte y la resurrección de Jesús (Romanos 6.3–4). Más aun, una de las razones principales que explica por qué algunas iglesias prefieren bautizar por inmersión es que simboliza claramente el hecho de descender hacia la muerte y el sepulcro con Cristo, y levantarnos nuevamente con él para iniciar una vida nueva. Las pinturas más antiguas que representan el bautismo de Jesús por Juan el Bautista los muestran en el río Jordán, con el agua hasta la cintura, mientras Juan derrama agua sobre la cabeza de Jesús. Lo valioso de esa combinación de inmersión y derramamiento del agua es que, juntas, estas acciones simbolizan visiblemente (1) nuestra muerte y resurrección con Cristo, (2) el hecho de que nuestros pecados son limpiados, y (3) el que somos bautizados por el Espíritu Santo que ha sido derramado. El agua es señal de todas estas promesas evangélicas, y de esa manera estimula nuestra fe a fin de que las hagamos nuestras.

En la cena del Señor, el segundo 'signo visible' del evangelio, las señales externas son el pan y el vino. Son emblemas tangibles de la muerte de Jesucristo. El pan es partido y el vino vertido con el fin de exhibir la entrega de su cuerpo y el derramamiento de su sangre mediante su muerte en la cruz. Luego comemos el pan partido y bebemos el vino para indicar nuestra participación personal en lo que él hizo por nosotros cuando murió.

Una vez para siempre

'¿Qué pasa cuando peco?', pregunta a veces el cristiano, desconcertado. '¿Tengo que volver a recibir a Cristo y empezar de nuevo?' Por cierto que no. Cuando le abrimos la puerta a Cristo, y él entró, Dios nos aceptó ('nos justificó' es la expresión bíblica) y nos dio su Espíritu una vez y para siempre. Es por esto que solamente somos bautizados una vez. Al mismo tiempo, aun cuando somos justificados una sola vez y para siempre, tenemos que ser perdonados diariamente. Es por ello que acudimos con frecuencia a participar de la santa comunión. Es probable que Jesús haya tenido en mente esta distinción cuando les lavó los pies a los apóstoles. Pedro le dijo, 'Señor, ¡no sólo los pies sino también las manos y la cabeza!' A esto Jesús respondió: 'El que ya se ha bañado no necesita lavarse más que los pies … pues ya todo su cuerpo está limpio' (Juan 13.9–10). En otras palabras, cuando acudimos a Cristo por primera vez, recibimos el 'baño' de la justificación. Somos limpiados completamente. Pero a diario nuestros pies se ensucian, y necesitamos el lavado de los pies como indicación del perdón diario. Por lo tanto, si pecamos, es preciso que caigamos de rodillas y pidamos a Dios que nos perdone de inmediato. No es necesario esperar hasta que volvamos a la iglesia, ni siquiera hasta el momento de orar al acostarnos. Más bien deberíamos confesar nuestro pecado inmediatamente, recordando y haciendo nuestra la maravillosa promesa siguiente: 'Si confesamos nuestros pecados, Dios, que es fiel y justo, nos los perdonará y nos limpiará de toda maldad' (1 Juan 1.9). Luego también, el pan y el vino de la comunión nos proporcionarán de manera visible la renovada seguridad del perdón a través de la muerte de Cristo, así como el bautismo nos aseguró una vez para siempre que fuimos justificados.

Demos gracias a Dios por sus promesas de salvación, como también por los signos visibles que las dramatizan; son como los besos que nos aseguran que alguien nos ama.

3. El testimonio de Dios el Espíritu Santo

Ya hemos dicho que nuestra seguridad cristiana descansa fundamentalmente en la obra terminada y completa de Dios el Hijo, quien murió por nuestros pecados, y en la Palabra de Dios el Padre, quien promete salvación para los que confían en el Cristo crucificado. El tercer fundamento es el testimonio —tanto interno como externo— de Dios el Espíritu Santo.

Consideremos primero el testimonio interno. Ya hemos mencionado que no es sabio confiar en nuestras propias sensaciones. Dado que fluctúan, son señales poco confiables de nuestro estado espiritual. Con todo, los sentimientos y las sensaciones tienen su lugar en cuanto a proporcionar seguridad al cristiano; no los inestables aleteos de un momento de emoción superficial, sino el firme crecimiento de una convicción que se profundiza. Acerca de esto habla el Nuevo Testamento. Esto es lo que hace el Espíritu que mora en el creyente. A veces exageramos su tarea de remorder la conciencia y hacer que tomemos conciencia de nuestro pecado. Por cierto que lo hace. Pero también es suya la obra de gracia que consiste en apaciguar nuestra conciencia, calmar nuestros temores, y neutralizar nuestras dudas dándonos seguridad.

En Romanos, Pablo alude dos veces a esta obra interior del Espíritu. En Romanos 5.5 escribe en estos términos: 'Dios ha derramado su amor en nuestro corazón por el Espíritu Santo que nos ha dado', y en Romanos 8.16 agrega que 'el Espíritu mismo le asegura a nuestro espíritu que somos hijos de Dios', especialmente cuando nos impulsa a exclamar, '*¡Abba! ¡Padre!'* (versículo 15). ¿Acaso no somos profundamente conscientes, en ciertas ocasiones, de que Dios ha derramado su amor sobre nosotros, que esa vieja tensión y fricción entre él y nosotros ha cedido el lugar a la reconciliación, y que sus brazos nos envuelven y nos sostienen? Pues ese es el testimonio del Espíritu. ¿Acaso no sentimos, al orar, que estamos en la debida relación con Dios, que nos alcanza su rostro sonriente, que él es nuestro

Padre, y que nosotros somos sus hijos? Una vez más, se trata del testimonio del Espíritu. Él derrama el amor de Dios en nuestro corazón, y hace real en nosotros la paternidad divina. Algunas veces su testimonio constituye una experiencia tranquila y poco expresiva. En otros momentos, como lo han testimoniado muchos cristianos en diferentes épocas y culturas, puede convertirse en una experiencia sobrecogedora de su presencia y misericordia.

El carácter y la conducta

Si, por un lado, el testimonio interior del Espíritu es una realidad en nuestro corazón, por el otro, su testimonio externo se deja ver en nuestro carácter y en nuestra conducta. Cuando Pablo enumeró las nueve cualidades principales del que ha de asemejarse a Cristo ('amor, alegría, paz, paciencia, amabilidad, bondad, fidelidad, humildad y dominio propio'), las describió como 'el fruto del Espíritu', que el mismo Espíritu hace madurar en nuestra vida (Gálatas 5.22–23). De modo que compara al Espíritu con un jardinero, y a nosotros con un jardín. Si el jardín está plagado de malezas nocivas, podemos estar seguros de que la razón es que el jardinero divino está ausente. En cambio, si aparecen los buenos frutos de la santidad cristiana, sin duda es él quien los está haciendo crecer, porque 'por sus frutos los conocerán', dijo Jesús (Mateo 7.16).

Juan afirma lo mismo con palabras diferentes. Ya hemos visto que su propósito al escribir su primera carta era el de fortalecer a los verdaderos cristianos en cuanto a su seguridad; también tenía como fin socavar la seguridad falsa o espuria. La forma en que lo hizo fue reunir tres pruebas y aplicarlas repetidamente con todo rigor. Sabemos que conocemos a Dios, escribió, porque creemos en su Hijo Jesucristo, porque obedecemos sus mandamientos, y porque nos amamos unos a otros. De manera que la verdad, la obediencia y el amor son las pruebas. A la inversa, si afirmamos que conocemos a Dios pero, a la vez, negamos a Cristo, no obedecemos sus mandamientos y odiamos a nuestros hermanos, somos 'mentirosos', declara con fuerza el apóstol (1 Juan 1.6; 2.4, 22; 4.20).

Está claro, por lo tanto, que Dios quiere que sus hijos estén seguros de que le pertenecen, y que no quiere que nos quedemos con la duda y en la incertidumbre. Tanto es así, que cada una de las tres personas de la Trinidad contribuye a darnos esa certidumbre. El testimonio de Dios el Espíritu Santo confirma la palabra de Dios el Padre con respecto a la obra de Dios el Hijo. Por cierto que los tres soportes de este trípode lo hacen verdaderamente firme y seguro.

Cómo estar seguro de ser cristiano

Elementos básicos

Preguntas

1. ¿Cómo le responderías a alguien que dice: 'Es sumamente arrogante de tu parte decir que *sabes* que tienes vida eterna y que irás al cielo'?

2. ¿Cómo le responderías a alguien que dice: 'Creo que soy cristiano, pero (a) no soy un cristiano muy bueno, y (b) a veces dudo de la verdad de todo esto'?

3. ¿En qué medida tienes conciencia del testimonio del Espíritu Santo (tanto interno como externo, véanse las páginas 48–50) en tu vida?

Una promesa   La vida eterna: Juan 5.24; 6.47; 10.28.

Una oración   Para quienes no tienen seguridad: la oración número 4 en la página 224.

Elementos adicionales

Estudio bíblico   1 Juan 3.11–24.

En grupo Cada miembro del grupo debe completar la siguiente frase: 'Estoy contento de ser cristiano porque …', mencionando una sola razón. No importa que alguno repita lo que haya dicho otro. ¿Cómo te sientes después de haber escuchado las razones dadas por los demás? Si pueden pensar en otras razones, podrían hacer una segunda ronda.

Aplicación En una hoja de papel enumera cinco cosas sobre las que tienes plena seguridad (por ejemplo, de que estás vivo, o de que tus padres te quieren). Piensa en silencio en cada una de esas cosas por unos momentos: ¿por qué y en qué forma estás tan seguro? Luego da gracias a Dios.

Comprobación ¿Estás seguro de que eres cristiano? ¿Por qué? Si todavía no eres miembro de una iglesia, ¿estás listo para prepararte para serlo?

Lecturas adicionales sugeridas

Ahora que soy cristiano, José Young, Puma.

Certeza, J. C. Ryle, Unilit.

'Los comienzos', capítulo 1 de *La lucha*, John White, Certeza Argentina.

Discipulado auténtico 1, Lourdes Cordero y Felicidad Hougthon, Lámpara.

Discipulado auténtico 2, Lourdes Cordero y Felicidad Hougthon, Lámpara.

3
Cómo crecer en la vida cristiana

De ninguna manera podemos tomar la gratificante certeza de que Dios nos ha acogido y nos ha perdonado como excusa para sentirnos satisfechos con nosotros mismos. Más bien tendría que ser a la inversa. La seguridad nos impulsa a seguir con Cristo, y a crecer en nuestra vida cristiana, a fin de llegar a la madurez.

La necesidad del crecimiento

El Nuevo Testamento usa varias metáforas para ilustrar el crecimiento cristiano. Veamos cómo explica la distinción entre la 'justificación' y la 'santificación' del cristiano.

La justificación describe la posición de aceptación ante Dios, que nos viene de él mismo cuando confiamos en Cristo como nuestro Salvador. Es un término legal, tomado de los tribunales judiciales, y el concepto opuesto es el de la condenación. Justificar es absolver, declarar que la persona es justa o inocente, no culpable. De modo que el Juez divino, por cuanto su Hijo ha llevado sobre sí nuestra condenación, nos justifica, declarándonos justos en su presencia. 'Por lo tanto, ya no hay ninguna condenación para los que están unidos a Cristo Jesús' (Romanos 8.1).

La santificación, por otra parte, describe el proceso por medio del cual los cristianos ya justificados son transformados a la imagen de Cristo. Cuando Dios nos justifica, nos *declara* justos por la muerte de Cristo a favor de nosotros; cuando nos santifica, nos *hace* justos por medio del poder de su Espíritu Santo, que opera dentro de nosotros. La justificación tiene que ver con la posición externa de aceptación ante Dios; la santificación tiene que ver con nuestro crecimiento interior, que produce la santidad de nuestro carácter. Más todavía, en tanto la justificación es repentina y completa, de manera que nunca tendremos un grado mayor de justificación que la que obtuvimos el día de nuestra conversión, la santificación es gradual e incompleta. No le lleva más que unos momentos al juez en un tribunal judicial pronunciar su veredicto y declarar absuelto al acusado; lleva toda una vida aproximarse siquiera a algo parecido a la semejanza a Cristo.

Nacidos de nuevo

Los escritores del Nuevo Testamento tienen otro modo de enseñar esta distinción entre el comienzo y la continuación de la vida cristiana. Nos dicen que cuando Jesucristo se convierte en nuestro Salvador y Señor, no sólo somos justificados sino también regenerados, o sea que hemos nacido de nuevo. Tenemos aquí otra comparación. Nos hemos alejado de los tribunales judiciales y, en cambio, hemos ingresado en la sala de la maternidad. Lo que tenemos a la vista ahora no es un preso que acaba de ser absuelto, sino un bebé que acaba de nacer. ¿Cuánto tiempo le lleva nacer al bebé? Nada más que unos minutos. Desde luego que el nacimiento va precedido de meses de preparativos, y que los dolores de parto pueden durar varias horas, pero el nacimiento mismo es un momento de crisis repentino y casi instantáneo. Una vida nueva e independiente hace su presentación en el mundo. No obstante, si bien el acto de nacer sólo le lleva unos cuantos minutos al bebé, quizá le lleve a la persona unos veinticinco años alcanzar la plena madurez física y emocional. A la dramática crisis del nacimiento sigue un laborioso proceso de crecimiento. Así pues, lo que el crecimiento es al nacimiento, la santificación es a la justificación. La justificación y la regeneración se dan juntas cuando somos unidos a Cristo por la fe, seamos o no conscientes de lo que está ocurriendo; la santificación y el crecimiento, por otro lado, llevan tiempo.

El propósito general de Dios es que todos los seres humanos crezcan física, mental y emocionalmente. Resulta muy triste cuando una persona experimenta algún retraso en cualquiera de estas áreas. Es igualmente triste cuando se paraliza el crecimiento espiritual. Hay cientos de personas en las iglesias que nunca han salido de la guardería infantil. Para Pablo son 'apenas niños en Cristo' (1 Corintios 3.1), mientras que su ambición era 'presentarlos a todos perfectos en él' (Colosenses 1.28).

Normalmente, un niño se siente orgulloso de crecer. Todavía recuerdo la emoción que sentí cuando por primera vez me puse pantalones largos en lugar de los pantalones cortos de la infancia. Es una señal muy saludable el que un cristiano que acaba de nacer de nuevo manifieste ese mismo anhelo de llegar a la madurez. El unirnos a una iglesia es un paso importante para todos, especialmente si lo entendemos como un nuevo comienzo, antes que un fin en sí mismo. Me vienen a la memoria las palabras de Winston Churchill en 1942, inmediatamente después de la batalla de El Alamein, en Egipto. Rommel y *Afrika Korps* habían sido derrotados; se habían tomado 30.000 prisioneros; y se había obtenido la primera victoria de la guerra. Cuando fue invitado al banquete del nuevo intendente de Londres, Churchill dijo: 'Señores, esto no es el fin. Ni siquiera es el comienzo del fin. Pero quizá sea el fin del comienzo.' Una ruidosa aclamación siguió a esta histórica afirmación. Sea que estemos pensando en la conversión, en el bautismo, o en hacernos miembros de la iglesia, espero que podamos ser igualmente entusiastas en la celebración de dicho acontecimiento como el comienzo de una vida nueva.

Las áreas de crecimiento

Los escritores del Nuevo Testamento se expresan con mucha precisión en cuanto a las áreas en las que esperan que se manifieste el crecimiento cristiano. Especifican cuatro como las principales.

La fe

Primero, hemos de *crecer en la fe*. Por supuesto que la fe es una característica indispensable del cristiano. Con frecuencia se identifica a los cristianos como 'creyentes', y para Jesús el discípulo era 'el que cree en mí'. ¿Qué es la fe? No es ni credulidad ni superstición. La fe es confianza. Los cristianos son creyentes porque han puesto su confianza en Jesucristo como su Salvador, y porque toman a Dios al pie de la letra y confían en sus promesas. Esto demuestra porqué la fe, si bien va más allá de la razón, nunca está en contra de ella. Lo razonable de la confianza depende de la confiabilidad de la persona en la que se confía, y no hay persona más confiable que el Dios que se ha revelado en Cristo.

La fe no es algo estático, sin embargo; debe ser viva y debe crecer. En cierta ocasión Jesús reprendió a sus apóstoles por '[tener] tan poca fe', si bien agregó más tarde que si tuvieran una fe tan pequeña como un grano de mostaza, podrían hacer grandes cosas para Dios (Mateo 17.20). En otra ocasión acudieron a Jesús y le dijeron: '¡Aumenta nuestra fe!' (Lucas 17.5). Y en dos oportunidades habló acerca de lo 'grande' de la fe que mostraron algunas personas (Mateo 8.10; 15.28). Resulta claro por estos versículos que hay diversos grados de fe. Es pequeña al comienzo, pero puede ir en aumento hasta hacerse fuerte. A medida que vamos leyendo la Biblia, meditamos en la absoluta confiabilidad del carácter de Dios y sometemos a prueba sus promesas, nuestra fe va enriqueciéndose. Lo que Pablo les escribió a los tesalonicenses debería ser una realidad para todos: 'Su fe se acrecienta cada vez más' (2 Tesalonicenses 1.3).

El amor

En segundo lugar, hemos de *crecer en el amor*. Jesús resumió la ley de Dios reuniendo dos mandamientos del Antiguo Testamento: amar a Dios con todo nuestro ser, y amar a nuestro prójimo como a nosotros mismos (Levítico 19.18; Deuteronomio 6.5; Marcos 12.28–31). Por su parte, Pablo declaró que el amor es 'el cumplimiento de la ley' (Romanos 13.10). Agregó, además, que el amor es mayor que la fe y la esperanza, en realidad la mayor de todas las virtudes (1 Corintios 13.13). Además, la razón de que esto sea así es que Dios es amor, y que nos ha prodigado su amor. La verdad es que 'nosotros amamos a Dios porque él nos amó primero' (1 Juan 4.7–12, 19).

No obstante, tenemos que confesar que ni los cristianos ni las iglesias cristianas se destacan siempre por la calidad de sus demostraciones de amor. Pablo sostuvo que los corintios eran mundanos y semejantes a niños porque había celos y contiendas entre ellos (1 Corintios 3.1–3). ¡Uno se pregunta cómo evaluaría a las iglesias en nuestros días! Hablando en general, hay cierta afabilidad y algún grado de bondad, pero bajo ese manto hay rivalidades y bandos, y se manifiesta relativamente poco amor sacrificado, servicial, y sostenedor entre los miembros, sin hablar del mundo necesitado afuera. No cabe duda de que tenemos que oír y tomar en serio otra de las afirmaciones de Pablo a los tesalonicenses: 'En efecto, ustedes aman a todos los hermanos … No obstante, hermanos, les animamos a amarse aun más' (1 Tesalonicenses 4.10). También oró pidiendo que el amor de ellos '[creciera] … más y más' (1 Tesalonicenses 3.12).

El conocimiento

En tercer lugar, hemos de *crecer en el conocimiento*. El cristianismo pone mucho énfasis en la importancia del conocimiento, censura el anti-intelectualismo por lo negativo y paralizante que resulta, y atribuye muchos de nuestros problemas a la ignorancia. Cuando el corazón está lleno pero la cabeza vacía, se despiertan peligrosos fanatismos. Nadie ha destacado esto más que Pablo. 'Sean … adultos en su modo de pensar', les escribió a los corintios (1 Corintios 14.20). Pablo comenzaba muchas de sus frases con el siguiente estribillo: 'Quiero que sepan' o 'No queremos que ignoren' (por ejemplo 1 Tesalonicenses 4.13), y en ocasiones argumentaba diciendo '¿Acaso no creemos ..?'

Conocer a Dios en Jesucristo equivale a una relación viva y personal con él.

De esto puede deducirse que si sus lectores hubiesen sabido o conocido, habrían reaccionado de modo diferente. No puede sorprender, por consiguiente, que el motivo primordial de sus oraciones a favor de sus conversos era 'para que sepan' (Efesios 1.18; 3.19; Filipenses 1.10; Colosenses 1.9–10).

Al mismo tiempo, es preciso que recordemos que el concepto hebreo del conocimiento nunca era puramente intelectual. Se extendía más allá del 'entendimiento' hasta alcanzar la 'experiencia'. Esto es particularmente cierto en cuanto al conocimiento de Dios. Ya hemos visto que conocer a Dios en Jesucristo, hecho que constituye la esencia de ser cristiano, equivale a una relación viva y personal con él. Como todas las relaciones, ha de ser dinámica y creciente a la vez. Si no se la nutre, se marchita y finalmente muere. Resulta notable, por lo tanto, que en el mismo pasaje en el que Pablo se refiere al 'incomparable valor de conocer a Cristo Jesús, mi Señor', también escribe que su suprema ambición es 'conocer a Cristo Jesús', y padecer más profundamente sus sufrimientos, su muerte, y el poder de su resurrección (Filipenses 3.8, 10). Lo que anhela para sí mismo, también anhela, naturalmente, para otros, y ofrece oración para que continuamente '[crezcan] en el conocimiento de Dios' (Colosenses 1.10). Pedro comparte este mismo anhelo. Alienta a sus lectores a '[crecer] en la gracia y en el conocimiento de nuestro Señor y Salvador Jesucristo' (2 Pedro 3.18).

La santidad

En cuarto lugar, hemos de *crecer en santidad*. Crecer en santidad es lo que se denomina 'santificación', tema en el cual comenzamos a pensar al comienzo del presente capítulo. Pablo nos ofrece una afirmación sumamente ilustrativa sobre este tema: 'Así, todos nosotros, que con el rostro descubierto reflejamos como en un espejo la gloria del Señor, somos transformados a su semejanza con más y más gloria por la acción del Señor, que es el Espíritu' (2 Corintios 3.18). Podemos aprender por lo menos cuatro lecciones vitales a partir de este versículo.

1. La santidad consiste en asemejarnos a Cristo, y la santificación es el procedimiento que consiste en ser transformados (el verbo *metamorfoo* se utiliza para la transfiguración de Jesús) a su imagen. Me encanta la canción que a veces cantan los niños: 'Como Jesús, como Jesús, quiero ser como Jesús. Le amo tanto que quiero crecer igual que Jesús día tras día'.

2. La santificación es un proceso gradual, como queda claro mediante el empleo de un tiempo verbal que expresa continuidad ('somos transformados') y por la expresión 'con más y más gloria'. Si bien es cierto que algunos hábitos malos desaparecen instantáneamente cuando Cristo entra en nuestra vida, no nos volvemos maduros en un abrir y cerrar de ojos. El temperamento no se domina, ni se controlan las pasiones, como tampoco se doblega el egoísmo de un momento para otro. En cambio, se nos estimula a '[seguir] progresando en el modo de vivir que agrada a Dios' (1 Tesalonicenses 4.1).

3. La santidad es obra del Espíritu Santo. Por ser santo, le interesa promover nuestra santidad. El secreto de la santificación no está en luchar para vivir como Cristo, sino en que Cristo se presenta por medio de su Espíritu para vivir en nosotros. 'El carácter cristiano no se logra mediante una laboriosa adquisición de virtudes desde fuera, sino mediante la expresión de la vida de Cristo desde dentro.'[4]

4. Nuestra parte consiste en contemplar 'con rostro descubierto' la gloria del Señor y reflejarla. Y dado que es en las Escrituras donde se revela con mayor claridad su gloria, nuestra 'contemplación' significa buscarle allí con el fin de ofrecerle adoración.

El Alfarero divino

De modo que, cambiando la metáfora, tenemos que dejar que el divino Alfarero cumpla su deseo en nosotros, a fin de que pueda forjar, sobre la base de la pobre arcilla de nuestra naturaleza caída, un cántaro hermoso, digno de ser usado por él. O, para cambiar nuevamente la metáfora, podemos decir que el Carpintero de Nazaret sigue activo con sus herramientas. Ya valiéndose del formón del dolor, ya del martillo de la aflicción, ya del cepillo de las circunstancias adversas, como también mediante las experiencias de gozo, nos va dando forma, convirtiéndonos en instrumentos de justicia. Lo expresa muy bien una antigua y original oración:

> Oh Jesús, Maestro carpintero de Nazaret, quien en la cruz, mediante madera y clavos, has obrado la plena salvación del hombre, empuña bien tus herramientas en este tu taller, a fin de que nosotros, que acudimos a ti cortados en forma basta, seamos convertidos en algo verdaderamente bello por tu mano, quien con el Padre y el Espíritu Santo vives y reinas, un solo Dios, por toda la eternidad.[5]

Mi consejo es que seas paciente, pero a la vez decidido. No te desanimes. Mantén disciplina en tu vida cristiana. Sé diligente en tu oración cotidiana y en la lectura de la Biblia, en la asistencia al culto y en la asistencia a la cena del Señor. Haz buen uso de los domingos. Lee libros útiles. Busca el compañerismo de amigos cristianos. Dedícate con ganas a alguna forma de servicio. Nunca dejes pecados sin confesar y sin perdón. No dejes nunca que un brote de rebeldía surja en tu corazón. Sobre todo, entrégate sin reservas cada día al poder del Espíritu Santo que mora en ti. De esta manera, paso a paso, adelantarás en el camino de la santidad, e irás creciendo hacia la plena madurez espiritual.

Los medios de crecimiento

En la Parte III de este libro consideraremos los principales 'medios de gracia', es decir, los canales que Dios ha elegido para encauzar su gracia hacia nosotros y fortalecernos. Aquí me limitaré a anticipar brevemente lo que allí elaboraré adecuadamente. ¿Cuáles son los medios por los cuales podemos asegurar el crecimiento cristiano? Si tomamos la analogía de un niño que va creciendo (analogía que usan mucho los escritores del Nuevo Testamento), tendremos la respuesta de inmediato. Aun cuando se combinan muchos factores para promover y salvaguardar el sano crecimiento del niño, hay dos que se destacan por su importancia. La primera y principal condición para el crecimiento *físico* es la regularidad de una dieta acertada, y para el desarrollo *psicológico* la seguridad de un hogar feliz. Encontramos un paralelo en el desarrollo de aquellos a quienes la Biblia llama 'niños en Cristo'.

Tomemos la cuestión de la dieta primeramente. Para el bebé se trata de la leche, proporcionada (por lo menos de acuerdo con la tradición antigua) cada cuatro horas. Hoy en día las madres tienden a alimentar a sus bebés guiándose más por la necesidad del bebé que por el reloj. Florence Nightingale, la pionera de la enfermería moderna, pertenecía a la vieja escuela, sin embargo. En su libro *Notes on nursing* (1859) el capítulo final se titula 'Cuidando al bebé'. Lo escribió y dedicó a su hija mayor. Ofrece allí siete condiciones para el crecimiento sano del niño, la cuarta de las cuales es 'alimentarlo con comida adecuada a intervalos regulares'. Lo explica así:

> Debes tener mucho cuidado en lo que respecta a su alimento; serás estricta hasta el minuto para alimentarlo; sin darle demasiado cada vez (si el bebé vomita después de comer, es porque le has dado demasiado). Tampoco debe dársele poco. Sobre todo, nunca le des ningún alimento malsano … Al bebé que ha sido destetado debe alimentársele con frecuencia, a intervalos regulares, y no demasiado a la vez. Conozco a una madre cuyo bebé se encontraba en gran peligro un día porque sufría de convulsiones. Tenía alrededor de un año de edad. La madre explicó que había deseado ir a la iglesia;

así que, antes de salir, le había dado sus tres comidas en una sola. ¿Era de sorprender que el pobre pequeño tuviera convulsiones?

La leche espiritual

De la sabiduría práctica de Florence Nightingale pasamos a unas instrucciones del apóstol Pedro: 'Deseen con ansias la leche [espiritual] pura de la palabra, como niños recién nacidos. Así, por medio de ella, crecerán en su salvación, ahora que han probado lo bueno que es el Señor' (1 Pedro 2.2–3). ¿Qué es esta 'lecha pura' que necesitan los cristianos recién nacidos? Pedro la llama *lógicos*, en griego, lo cual puede significar 'espiritual' (indicando que no se refiere a leche en sentido físico, literal) o 'racional' (alimento para la mente, no para el cuerpo). Pedro retoma las referencias que acaba de hacer en cuanto a 'la palabra de Dios que vive y permanece' (1 Pedro 1.23–24), y afirma que esa misma palabra de Dios, que es el instrumento del nacimiento espiritual (1 Pedro 1.23), es igualmente el instrumento para el crecimiento espiritual (1 Pedro 2.2).

Por cierto que a menudo se habla de la Palabra de Dios como el alimento para el alma. Su enseñanza sencilla es como leche y sus verdades más profundas como alimento sólido (1 Corintios 3.2; Hebreos 5.11–14). Sus preceptos y promesas son 'más dulces que la miel, la miel que destila del panal' (Salmo 19.10; ver 119.103). Cuando los 'comemos', se convierten en el gozo y la delicia de nuestro corazón (Jeremías 15.16).

Más adelante volveré a ocuparme de la importancia de la lectura metódica de la Biblia, pero es oportuno destacar aquí la necesidad de la disciplina diaria de esta práctica. Es precisamente la regularidad lo que importa si hemos de hacer progresos espirituales firmes y parejos. Si nos empachamos con las Escrituras los domingos, o en algún congreso o conferencia cristiana, y prácticamente no nos alimentamos con ellas en otros momentos, no será de provecho. Un buen apetito es una señal confiable de salud espiritual, como lo es el apetito físico. Por cierto que es así con los niños. Todos habremos visto el rostro enrojecido del bebé que protesta a gritos porque se ha pasado la hora de su comida. Esto es lo que tenía en mente Pedro cuando dijo que debíamos 'ansiar' la leche espiritual. Ya hemos 'probado' lo bueno que es el Señor (1 Pedro 2.3), escribe Pedro; por lo tanto, ahora deberíamos tener la 'sed' necesaria para buscarlo en su Palabra (1 Pedro 2.2). Sólo entonces podremos crecer en nuestra salvación, o, como sería la traducción literal, *hacia* la salvación. Por 'salvación' aquí seguramente el apóstol se refiere a la santificación, y especialmente a liberarnos de síntomas de inmadurez tales como 'toda maldad y todo engaño, hipocresía, envidias y toda calumnia', cosas que ha mencionado (1 Pedro 2.1).

El hogar feliz

Así como es esencial para el niño una dieta apropiada también lo es la seguridad que ofrece un hogar feliz. Los psicólogos y los psicoterapeutas hablan mucho acerca de la influencia (para bien o para mal) del entorno familiar en el desarrollo emocional temprano. El propósito de Dios es que los niños nazcan y se críen en el seno de una familia estable y amorosa. Su ideal para los cristianos nuevos es el mismo. Muchos tenemos un concepto excesivamente individualista de la vida cristiana. 'Cristo murió por mí', decimos. Y, si bien esto es cierto y bíblico (Gálatas 2.20), no es toda la verdad. También murió 'por nosotros para … purificar para sí un pueblo elegido' (Tito 2.14). De manera que cuando nacemos de nuevo, no ocurre en un hospital espiritual aislado por cuarentena. Por el contrario, nacemos en el seno de la familia de Dios. Él es nuestro Padre celestial, Cristo Jesús es nuestro hermano mayor, y todos los demás cristianos en todo el mundo, cualquiera sea su lugar, su raza, su país y su denominación, son nuestros hermanos y hermanas en Cristo. Por lo tanto, si queremos crecer y alcanzar una madurez cristiana sana, sólo podremos hacerlo en el seno de la familia de Dios. Ser miembro de una iglesia no es un lujo, algo opcional o adicional; es un deber y una necesidad. Intentar eludir este deber y esta necesidad es una deplorable insensatez y un pecado.

Al decir esto, estoy suponiendo, desde luego, que nuestra iglesia ofrece comunión genuina, que se trata de una iglesia cuyos miembros se sienten unidos por lazos de apoyo y cuidado mutuo. Con demasiada frecuencia falta esta clase de vida y amor. Alguien que llamó la atención a esto fue el doctor Hobart Mowrer, el fallecido profesor emérito de psiquiatría de la Universidad de Illinois. Era un conocido crítico de Freud, promotor de lo que llamaba 'grupos de integración'. Hace algunos años accedió amablemente a dedicar tiempo a algunos amigos y a mí, porque queríamos hacerle algunas preguntas. Nos dijo que no era cristiano. Tenía con la iglesia lo que describió como 'una disputa, como la de un amante con la iglesia'. Se quejaba de que la iglesia le había fallado cuando era adolescente, y que seguía fallándoles a sus pacientes. ¿Qué quiere decir? le preguntamos. 'Es que la iglesia', nos contestó, 'nunca ha aprendido el secreto de la vida comunitaria'. Es probable que se trate de la crítica más grave acerca de la iglesia que jamás he oído. Porque la iglesia *es* una comunidad, la nueva comunidad de Jesucristo. De hecho, son muchas las iglesias que *sí* han aprendido el significado y las exigencias de una comunidad de amor. Pero otras no lo han hecho y en eso el profesor Mowrer tenía razón.

Dudo que alguien llegue a ser un equilibrado y maduro seguidor de Cristo sin participar en el culto de adoración y en la comunión con otros creyentes en forma habitual y comprometida. Es preciso que seamos miembros plenos y activos de la iglesia.

Estas son, entonces, las condiciones principales para el progreso espiritual. Si estás por vincularte a la iglesia, o lo has hecho recientemente, quiero animarte a tomar en serio dichas condiciones. No te conformes con una vida cristiana estática. Toma la decisión de crecer en la fe y el amor, en el conocimiento y la santidad. Sé disciplinado en la búsqueda de Dios diariamente por medio de la lectura de la Biblia y la oración, y dedícate decididamente a participar en la vida, el culto, la comunión y el testimonio de tu iglesia. Estas cosas te alentarán y fortalecerán grandemente, y tu crecimiento espiritual será algo natural y continuo.

Guía de estudio 3
Cómo crecer en la vida cristiana

Elementos básicos

Preguntas

1. ¿Qué puntaje entre 0 y 10 te asignarías en cada una de las cuatro áreas de crecimiento mencionadas en este capítulo?

2. ¿Cómo podrías mejorar tu 'dieta' y tu 'hogar' espirituales (ver las páginas 62–67) para fortalecer tu(s) área(s) más débil(es)?

3. ¿Qué consejo les darías a cristianos nuevos para ayudarlos a crecer en lugar de estancarse?

Una promesa

El perdón cotidiano: 1 Juan 1.9.

Oraciones

Para el crecimiento en el área del entendimiento cristiano: la oración número 6 en la página 225.

Para el crecimiento en el área de la santidad: la oración número 7 en la página 225.

Elementos adicionales

Estudio bíblico

2 Pedro 1.3–11.

En grupo

Hablen por turno acerca de 'una cosa que he aprendido o redescubierto durante la semana pasada'. No necesita ser algo profundo, ni siquiera 'espiritual'; cualquier verdad, experiencia o capacidad nueva puede haberte llevado a madurar en algún sentido como persona. Menciona algo acerca de la forma en que lo aprendiste y cuál ha sido el efecto en tu vida.

Aplicación

Consigue una plantita y obsérvala por un momento. ¿Qué perspectivas nuevas en cuanto al crecimiento cristiano aprendes en base a tu observación?

Comprobación

¿Estás creciendo en tu vida cristiana? ¿O te has quedado detenido?

Lecturas adicionales sugeridas

El precio de la gracia, Dietrich Bonhoeffer, Sígueme.

Cómo Jesús discipuló a los doce, P. T. Chandapilla, Certeza Argentina.

Creer es también pensar, John Stott, Certeza Argentina.

La lucha, John White, Certeza Argentina.

Parte II

Las creencias del cristiano

Pasamos ahora de los comienzos de la vida cristiana a las creencias cristianas. Ya hemos visto cuán importante es que sepamos en qué creemos y por qué lo creemos. ¿Cuáles son, por lo tanto, los aspectos fundamentales, básicos, de la fe cristiana?

4
Creemos en Dios Padre

La palabra 'credo' se deriva del verbo latino *credo*, creo. De hecho, el credo comienza con dichas palabras. Los credos cristianos, por lo tanto, son resúmenes de las creencias cristianas, y los cristianos comenzaron a elaborarlos en fecha muy temprana, particularmente para ayudar en la instrucción de los conversos. Incluso hay rastros de credos breves en el Nuevo Testamento (por ejemplo 1 Timoteo 3.16).

Hay dos credos cristianos históricos que se reconocen casi universalmente.

En primer lugar, está el Credo de los Apóstoles. Es a este credo que se hace referencia generalmente cuando se habla simplemente del 'Credo'. No fue compuesto por los doce apóstoles, y no adquirió su forma definitiva hasta mediados del siglo VIII d.C., pero varias de sus cláusulas se han constatado como pertenecientes al siglo II. Con razón se le denomina Credo de los Apóstoles, sin embargo, porque declara en forma concisa la enseñanza que nos ofrecen los apóstoles en el Nuevo Testamento acerca de Dios.

> Creo en Dios Padre Todopoderoso,
> Creador del cielo y de la tierra,
> Y en Jesucristo, su único Hijo, Señor nuestro,
> Que fue concebido del Espíritu Santo,
> Nació de la virgen María,
> Padeció bajo el poder de Poncio Pilato,
> Fue crucificado, muerto y sepultado;
> Al tercer día resucitó de entre los muertos,

> Subió al cielo,
> Y está sentado a la diestra de Dios Padre
> Todopoderoso;
> Desde donde vendrá a juzgar a los vivos
> y a los muertos.
> Creo en el Espíritu Santo,
> La santa iglesia universal,
> La comunión de los santos;
> El perdón de los pecados;
> La resurrección del cuerpo;
> Y la vida perdurable.

Segundo, tenemos el Credo Niceno. Es ligeramente más largo que el Credo de los Apóstoles. Debe su nombre al hecho de que incluye ciertas cláusulas acerca de la persona divina–humana de Jesucristo que fueron acordadas en el Concilio de Nicea en el 325 d.C.

La existencia de Dios

Como la Biblia, los credos dan por sentada la existencia de Dios, y no la discuten. En última instancia, aceptamos la existencia de Dios por fe, no mediante pruebas. Al ser infinito, y por consiguiente estar más allá del alcance de nuestra mente finita, Dios sólo puede ser conocido por su revelación, y no mediante nuestra razón. No quiero decir con esto que la creencia en la existencia de Dios sea irrazonable. Por el contrario, hay sólidas razones para creer que existe. No hay espacio aquí para elaborar los cinco argumentos clásicos a favor de la existencia de Dios que detalla Tomás de Aquino. Sin embargo, lo que puedo hacer es sugerir tres líneas de pensamiento:

1. El hecho del universo

En derredor de nosotros hay fenómenos que resultan inexplicables aparte de Dios. Es razonable suponer que, así como todo edificio tiene su arquitecto, toda pintura su artista, y todo mecanismo su diseñador, así también el universo, misterioso, hermoso y complejo, ha de tener necesariamente su Creador. En palabras de Aquino, él es la Causa de la que en última instancia se derivan todos los efectos; él es la Vida, a la que toda vida debe su existencia, su ser; él es la Energía de la que procede todo el movimiento. Estos pensamientos los expresan los escritores bíblicos de diversas maneras. 'Los cielos cuentan la gloria de Dios, el firmamento proclama la obra de sus manos' (Salmo 19.1). 'Desde la creación del mundo las cualidades invisibles de Dios, es decir, su eterno poder y su naturaleza divina, se perciben claramente a través de lo que él creó' (Romanos 1.20). Además, 'el Dios viviente, que hizo el cielo, la tierra, el mar y todo lo que hay en ellos … no ha dejado de dar testimonio de sí mismo haciendo el bien, dándoles lluvias del cielo y estaciones fructíferas, proporcionándoles comida y alegría de corazón' (Hechos 14.15–17).

Después de la destrucción de la antigua Catedral de San Pablo, durante el gran incendio de Londres (1666), el arquitecto Christopher Wren comenzó a diseñar y edificar la catedral nueva, que existe actualmente. Con frecuencia sorprende a los visitantes que no haya nada que lo recuerde. Pero su tumba se encuentra en la bóveda, cerca de la de Nelson y de la de Wellington, y encima de ella una placa tiene la siguiente inscripción en latín: *Si monumentum requiris, circumspice* ('si buscas su monumento, mira en derredor tuyo'). De modo semejante, el mundo que Dios hizo es su mejor testigo.

2. La naturaleza de los seres humanos

Si, habiendo dirigido la mirada al universo, pasamos ahora a mirarnos a nosotros mismos, encontraremos evidencias adicionales de la existencia de Dios. Altos ideales y sublimes aspiraciones se agitan dentro de nosotros. Cosas hermosas a los ojos, a los oídos y al tacto nos mueven profundamente. Nuestra mente es insaciablemente curiosa en su búsqueda de conocimiento. Un imperioso impulso a hacer lo que 'debemos' hacer nos impele hacia adelante y hacia arriba, y nos cubre de vergüenza cuando fallamos. El amor, también, pone de manifiesto la característica nobleza de nuestra condición humana, ese amor que ha inspirado las grandes proezas del arte, el heroísmo, el sacrificio, y el servicio.

¿Acaso son estos sentimientos universales una burla estéril, espejismos en el desierto de la ilusión? ¿O es que existe alguna cualidad última de la belleza, la verdad, la bondad y el amor a la que responde toda nuestra personalidad? Más importante todavía: ¿Qué puede decirse de nuestra innata reverencia para con lo sagrado, nuestro sentido de asombro y maravilla, nuestra necesidad de adorar? ¿Por qué todos los seres humanos son criaturas que adoran, e incluso fabrican sus propios dioses si no les ha sido revelado ninguno? ¿No hay ningún Dios en servicio del cual estos anhelos puedan encontrar satisfacción? A la luz de estos hechos o datos de nuestra propia experiencia, parecería más razonable creer en Dios que negar su existencia.

3. La persona de Jesús

Si Dios es infinito, está más allá de nosotros. Si está más allá de nosotros, no podemos conocerle, a menos que él decida hacerse conocer. Y seguramente lo haría en la forma más elevada que pudiera resultarnos inteligible, a saber, mediante la personalidad humana. Es justamente esto lo que los cristianos creen que ha hecho. Dios no se ha conformado con revelarse a sí mismo en el universo que ha creado, y en la naturaleza que nos ha proporcionado. Ha entrado él mismo en nuestro mundo. En Jesucristo Dios se hizo ser humano sin dejar de ser Dios. Este ser único, Dios–hombre, vivió en la tierra, y fue visto, oído y palpado. Tengo que dejar la prueba de la deidad de Jesús para el próximo capítulo. Aquí baste con decir que el mejor argumento, y el más fuerte, a favor de la existencia de Dios es el Jesús de la

Si estás en duda acerca de Dios, te aconsejo que leas los Evangelios en actitud de oración.

historia. Si estás en duda acerca de Dios, te aconsejo que leas los Evangelios en actitud de oración. 'Busquen, y encontrarán,' dijo Jesús (Mateo 7.7). Acude a los registros históricos de aquel que afirmó ser el Hijo del Padre, con la mente abierta, humilde, y desprejuiciada del niño. Jesús prometió que a esta clase de personas Dios se revela a sí mismo (Mateo 11.25).

El Dios trino

El Credo de los Apóstoles y el Credo Niceno se dividen ambos en tres párrafos que se refieren a las tres personas de la Trinidad. Sin duda alguna, la Trinidad es el misterio más grande de la fe cristiana. La palabra misma es una contracción de las palabras 'tri' y 'unidad', y se refieren al hecho de que Dios es tanto tres como uno: 'En la unidad de esta Deidad hay tres personas, una en sustancia, poder y eternidad, el Padre, el Hijo, y el Espíritu Santo.'[6]

Algunos pensadores se han sentido tan completamente desconcertados por este concepto que han llegado al ridículo. Thomas Jefferson, por ejemplo, el tercer presidente de los Estados Unidos de Norteamérica, y a la vez un genio excéntrico, intentó reconstruir el cristianismo sin dogma alguno. Esperaba ver llegar el día, escribió, 'cuando hayamos eliminado la incomprensible jerga de la aritmética trinitaria, de que tres son uno, y que uno es tres'.

Uno de los recuerdos más nítidos y desconcertantes de mis propios días escolares se relaciona con una conversación que tuve con un pastor visitante. Yo tenía alrededor de quince años. Con la invencible seguridad propia de un adolescente le dije: 'Nadie cree en la Trinidad hoy en día.' No había acabado de decirlo cuando me sentí avergonzado por haberlo dicho. La verdad es que nunca me había detenido a pensar en la Trinidad. ¡Por encontrarla difícil de entender, me lancé a la conclusión de que se trataba de una superstición fuera de moda, que las personas inteligentes habían descartado ya hacía mucho tiempo!

Nuestra fe trinitaria

Cierto es que la palabra 'trinidad' no aparece en la Biblia, y que la doctrina correspondiente no se llegó a formular claramente hasta los siglos III y IV. No obstante, el Nuevo Testamento es trinitario de comienzo a fin. Pensemos en la forma en que Jesús, cuando fue bautizado para inaugurar su ministerio público, oyó la voz del Padre y vio al Espíritu descender sobre él como una paloma. Después de la resurrección, comisionó a su iglesia a que hiciese discípulos y los bautizara en el nombre (singular) del Padre, el Hijo y el Espíritu Santo (Mateo 3.16–17; 28.19). Consideremos, también, la afirmación de Pedro de que hemos sido 'elegidos … según la previsión de Dios el Padre, mediante la obra santificadora del Espíritu, para obedecer a Jesucristo y ser redimidos por su sangre' (1 Pedro 1. 1–2), y la oración de Pablo de que 'la gracia del Señor Jesucristo, el amor de Dios y la comunión del Espíritu Santo sean con todos [nosotros]' (2 Corintios 13.14).

Hay tres posibles modos de acercarnos a la doctrina de la Trinidad —la historia, la teología y la experiencia—, los que juntos ofrecen un fundamento sólido para nuestra fe trinitaria.

La historia

Primero, tenemos el enfoque de *la historia*. La doctrina de la Trinidad no fue inventada por teólogos que no tenían nada mejor que hacer que elaborar teorías. Por el contrario, fue una revelación gradual. Sucedió de la siguiente manera. Los apóstoles eran todos judíos, que (a diferencia del politeísmo de otros pueblos) se habían criado creyendo en un solo Dios , quien era tanto el Creador del mundo como el Dios del pacto con Israel. Pero se encontraron con Jesús. Al pasar tiempo en su presencia, al escuchar sus palabras y observar su actuación, se fueron convenciendo de que él era el Mesías, y más todavía, porque perdonaba los pecados de la gente, e incluso afirmaba que él era el Juez del mundo. Instintivamente, tuvieron conciencia de que él era digno de su adoración; en otras palabras, de que era Dios. Sin embargo, no era el Padre, porque hablaba sobre el Padre, y dirigía oraciones al Padre. Luego comenzó a hablarles acerca de otra persona, a la que llamaba 'el Consolador' o 'el Espíritu de verdad', quien tomaría su lugar una vez que él se hubiera ido, aquel que efectivamente se hizo presente el día de pentecostés con la plenitud de la gracia y el poder divinos. De modo que fueron los hechos que ellos mismos observaron los que llevaron a los apóstoles a creer en la Trinidad. Estos acontecimientos y experiencias de carácter histórico no les dejaron otra alternativa.

La teología

Segundo, tenemos el enfoque de *la teología*. El problema principal en los primeros siglos del cristianismo fue conciliar la unidad de Dios con la deidad de Jesús y su carácter distintivo. Es decir, creer que Jesús es divino y distinto del Padre, sin que eso signifique la existencia de dos deidades. Todos ellos comenzaron con la unidad de Dios. 'El Señor nuestro Dios es el único Señor,' sostenían (citando Deuteronomio 6.4). Nunca se debilitó la creencia en un sólo Dios. Pero luego se dividieron. Algunos procedieron a sostener la deidad de Jesús. Si Dios es uno y Jesús es divino, decían, y no podemos tener dos dioses, entonces Jesús no pudo haber sido distinto del Padre. Tuvo que haber sido la misma persona que el Padre,que se reveló de forma diferente, de manera que Dios fue primero el Padre, luego el Hijo, y finalmente el Espíritu Santo. Estos eran los sabelios (seguidores de Sabelio, un presbítero de Roma del siglo III). El error de estos teólogos consistía en negar que Jesús y el Espíritu fueran eternamente distintos del Padre.

Otros siguieron un camino diferente y también errado. Llegaron a la conclusión de que, si Dios es uno y Jesús es eternamente distinto del Padre, y dado que no podemos tener dos dioses, entonces Jesús no pudo haber sido plenamente divino. Tuvo que haber sido un ser creado, sumamente superior, pero no Dios. Estos eran los arrianos (seguidores de Arrio, un presbítero de Alejandría de comienzos del siglo IV). Su error consistió en negar que Jesús fuese divino.

El problema, por lo tanto, giraba en torno a cómo afirmar que Jesús era tanto divino como distinto, sin contradecir la unidad de Dios. El profesor Leonard Hodgson atribuyó, en su libro *The doctrine of the Trinity* (La doctrina de la Trinidad, 1943), la confusión de los padres al hecho de que no supieron definir la naturaleza de la unidad de Dios. Porque hay dos clases de unidad: la 'matemática' (que es simple e indivisible), y la 'orgánica' (que es sumamente compleja y puede tener muchos componentes). Por ejemplo, cuando se descubrió el átomo, al principio los científicos pensaron que habían llegado a la unidad básica de la materia, para sólo descubrir luego que cada átomo es en sí mismo un pequeño universo. De modo semejante, la unidad de Dios no es matemática sino orgánica. Dentro del complejo misterio de la infinitud de Dios hay tres modos personales eternamente distintos de ser: el Padre, el Hijo, y el Espíritu Santo.

La experiencia

Tercero, tenemos el enfoque de *la experiencia*. Hay muchas cosas en la vida que no podemos explicar plenamente, pero que, no obstante, experimentamos. Podría mencionarse la electricidad, o los cambios en la presión barométrica, o el amor. De manera parecida, si bien no podemos explicar la Trinidad, cada vez que oramos disfrutamos del acceso al Padre, por medio del Hijo, a través del Espíritu (Efesios 2.18). Más particularmente, cada vez que repetimos el Padre Nuestro afirmamos, con las tres peticiones, y tal vez sin darnos cuenta de ello, que Dios es tres en uno. Porque es nuestro Padre celestial quien nos da nuestro pan cotidiano; es por Jesucristo, que murió por nuestros pecados, que podemos ser perdonados, y es por el poder interior del Espíritu Santo que podemos vencer la tentación y ser rescatados del mal. ¡No permitamos, entonces, que nadie diga que la Trinidad no tiene su lugar en la vida diaria!

Creador, Gobernador, y Padre

El Credo de los Apóstoles describe a Dios como 'el Padre todo-poderoso, Creador del cielo y de la tierra'. He aquí tres afirmaciones acerca de Dios que debemos considerar brevemente.

1. El Creador

El Credo Niceno agrega que Dios es el 'Hacedor … de todo lo que es, de todo lo que se ve, y de todo lo que no se ve.' Esta es una acertada síntesis de lo que enseña la Biblia. 'Dios, en el principio, creó los cielos y la tierra' (Génesis 1.1), '… hizo el Señor los cielos y la tierra, el mar y todo lo que hay en ellos' (Éxodo 20.11), 'no hay más que un solo Dios, el Padre, de quien todo procede' (1 Corintios 8.6). Notamos que en todos estos versículos es el *hecho* de la creación divina lo que se enseña, y no el *modo*. La Biblia nos dice claramente que Dios es el Creador de todas las cosas; en ninguna parte nos explica cómo lo hizo, excepto que todo adquirió existenciapor la voluntad de él (Apocalipsis 4.11), tal como está expresado en su Palabra (Génesis 1.3; Salmo 33.6, 9; Hebreos 11.3). Hoy muchos cristianos aceptan alguna variante de la teoría de la evolución, siempre que no deje afuera a Dios ni ofrezca una explicación puramente *mecanicista* del origen y desarrollo de la vida.

Nuestro Dios es un Dios vivo y activo.

Tampoco podemos considerar a los seres humanos como nada más que animales altamente evolucionados, porque Génesis 1 y 2 afirman la creación especial de Adán y Eva a imagen de Dios, es decir, con un conjunto de facultades distintivas (por ejemplo razón, conciencia, voluntad, y amor) que nos hacen semejantes a Dios y distintos de los animales. Nuestra propia conciencia de nosotros mismos nos confirma enfáticamente esta verdad bíblica. Otros cristianos quieren extender el concepto de 'creación especial' a todo lo que Dios ha hecho, e interpretar los seis días literalmente. Pero probablemente la mayoría de nosotros considera los días como representativos de etapas de creación. La interpretación literal no parece compatible con la forma literaria estilizada de Génesis 1.

En buena medida, la controversia en torno a los primeros capítulos de Génesis, y el debate entre la ciencia y la religión en general, han sido innecesarios. Nosotros los cristianos nos hemos hecho culpables, al olvidar que la Biblia no fue ideada por Dios para constituir un texto científico. No quiero decir con esto que el relato bíblico y el científico acerca de estas cosas sean necesariamente incompatibles. Lo que digo es que no son idénticos, y que se complementan el uno al otro. Sus respectivos propósitos son diferentes. La ciencia se ocupa de 'cómo' funcionan las cosas; las Escrituras se ocupan del 'por qué' de las cosas.

La Palabra de Dios tiene como fin hacernos cristianos, no científicos, y encaminarnos hacia la vida eterna por medio de la fe en Cristo Jesús. No fue intención de Dios revelar en las Escrituras lo que los seres humanos podían descubrir mediante sus propias investigaciones y experimentos.

Los tres primeros capítulos de Génesis revelan en particular cuatro verdades espirituales que jamás podrían haber sido descubiertas por métodos científicos. Primero, que Dios hizo todo. Segundo, que lo hizo partiendo de la nada. No había ningún material eterno con el que pudiera trabajar. Tercero, que hizo al hombre, varón y mujer, a su propia imagen. Cuarto, que todo lo que hizo era 'muy bueno'. Al salir de sus manos era perfecto. El pecado y el sufrimiento fueron invasiones extrañas que se introdujeron en ese mundo hermoso, y lo arruinaron todo.

2. El Sustentador

Cuando el credo habla de 'Dios Padre todopoderoso', se refiere no tanto a su omnipotencia como a su control sobre lo que hizo. Lo que creó, lo sostiene o sustenta. Él es 'el Hacedor y Preservador de todas las cosas tanto visibles como invisibles' (artículo 1). Dios no le dio cuerda al universo como si fuese un gigantesco reloj de juguete, para luego dejarlo librado a su antojo. No se limitó a hacer sonar un silbato a fin de que comenzara el partido, para luego retirarse a la línea lateral con el propósito de observar el desarrollo del mismo. Por cierto que no. Dios es 'inmanente' a su universo. Es decir, está presente y activo en él, sosteniéndolo

continuamente, animándolo y ordenándolo, al igual que a sus criaturas. Quizá el tema dominante de toda la Biblia sea la actividad soberana, incesante, y deliberada del todopoderoso Dios. En contraste con los ídolos, que tenían ojos, oídos, bocas y manos, pero no podían ver ni oír, hablar ni actuar, nuestro Dios es un Dios vivo y activo.

A su propia manera, dramática y figurada, la Biblia no nos deja con duda alguna en cuanto a esto. El aliento de todas las criaturas vivientes está en sus manos. El trueno es su voz y el relámpago su fuego. Él hace que brille el sol y que descienda la lluvia. Él alimenta las aves del aire y viste los lirios del campo. Es él quien hace de las nubes su carruaje y de los vientos sus mensajes. Hace que crezca la hierba. Sus árboles están bien regados. Calma el rugiente mar. Es él quien dirige los asuntos de los pueblos y las naciones. Los poderosos imperios de Asiria y Babilonia, de Egipto y Persia, de Grecia y Roma, estaban sometidos a su control en última instancia. Él llamó a Abraham desde Ur. Él libró a los israelitas de Egipto, los condujo a través del desierto y los ubicó en la tierra prometida. Les dio jueces y reyes, sacerdotes y profetas. Finalmente mandó a su Hijo único al mundo, a vivir, a enseñar, a morir y a levantarse de entre los muertos. Por medio de él reina en la vida de quienes le pertenecen; su reino, que se opone a los valores de este mundo, ha de extenderse por todo el orbe antes de que Cristo vuelva y la historia llegue a su fin.

3. El Padre

El credo refleja la Biblia fielmente al sostener la majestad y la misericordia de Dios, su grandeza y su bondad. Afirma que el

Creador de todas las cosas acepta ser el Padre de los que confían en Jesucristo. Ya en el Antiguo Testamento, Dios se dio a conocer como el Padre de Israel; pero cuando vino Jesús, este título se volvió más personal y más íntimo. Él mismo lo utilizó al dirigirse a Dios, o al referirse a él. A la edad de doce años habló acerca del templo como la casa de su Padre (Lucas 2.49), y sus últimas palabras en la cruz fueron para entregar su espíritu en manos de su Padre (Lucas 23.46). No sólo usó él mismo dicho nombre para Dios, sino que nos dio permiso para hacer lo propio (Mateo 6.9; Lucas 11.2). 'Padre', por lo tanto, es el título distintivo del cristianismo para Dios. El profesor Joachim Jeremias ha demostrado que 'en ninguna parte de la literatura de las oraciones del antiguo judaísmo (un inmenso tesoro demasiado poco explorado) encontramos esta invocación de Dios como *Abba* … Jesús, en cambio, la usaba siempre cuando oraba'.[7] De manera semejante, los musulmanes tienen noventa y nueve nombres y títulos para Alá (Creador, Sustentador, Proveedor, Gobernador, etc.), pero ninguno de ellos dice Padre.

Dios no es, empero, el Padre de todos los hombres y mujeres indiscriminadamente. Por cierto que él es el Creador de todo y de todos. Todos los seres humanos son 'descendientes' suyos (Hechos 17.28) en el sentido de que son criaturas suyas. Pero el título de 'Padre' es un título que Jesús enseñó especialmente para uso de sus discípulos, y tanto Pablo como Juan dejan bien en claro que es sólo mediante el eterno Hijo de Dios que podemos nosotros hacernos hijos e hijas de Dios y ser miembros de su familia. 'A cuantos lo recibieron, a los que creen en su nombre, les dio el derecho de ser hijos de Dios' (Juan 1.12), porque 'todos ustedes son hijos de Dios mediante la fe en Cristo Jesús' (Gálatas 3.26).

La paternidad universal de Dios y la hermandad universal, de la que mucho se habla, es potencial, no real. No puede hacerse realidad a menos que todos los hombres y mujeres se sometan a Jesucristo y hayan nacido de nuevo.

Sería difícil exagerar los inmensos privilegios que tenemos como miembros de la familia de Dios. '¡Fíjense qué gran amor nos ha dado el Padre, que se nos llame hijos de Dios! ¡Y lo somos!' (1 Juan 3.1). Sólo así podemos orar realmente, porque sólo así tenemos la debida relación con Dios como nuestro Padre. Al mismo tiempo, él nos da paz en la medida en que confiamos en él. Porque con semejante Padre, ¿cómo hemos de temer? 'No se preocupen,' solía decir Jesús, 'por su vida, qué comerán o beberán,' ni por su futuro. El 'Padre [celestial] sabe' decía como antídoto para la ansiedad (Mateo 6.8, 25–34). De manera que es nuestro deber, y también nuestro privilegio, confiar en Dios. Los hijos de Dios no tienen por qué estar nerviosos o malhumorados. La duda y el descontento expresan una lamentable falta de confianza. Debemos aprender a confiar y a obedecer a este Padre de infinito amor, sabiduría y poder.

Tal vez 'dependencia' sea la palabra con la que deberíamos cerrar este capítulo. Dado que Dios es nuestro Hacedor y Sustentador, dependemos de él por ser criaturas suyas. Si él es, además, nuestro Padre celestial, dependemos de él por ser hijos suyos. Tenemos dos buenas razones para acercarnos a él con humilde confianza. Es un privilegio ser dependientes de un Dios como él.

Guía de estudio 4
Creemos en Dios el Padre

Elementos básicos

Preguntas

1. ¿Cómo le contestarías a alguien que te dice que no cree en Dios?

2. ¿Cómo le contestarías a un cristiano que te dice que no entiende lo de la Trinidad?

3. Analiza un día típico. ¿En qué medida dependes de Dios, y en qué medida de otras cosas? ¿Estás contento con dicho balance, o te gustaría modificarlo de algún modo?

Un credo

En lugar de aprender una promesa de la Biblia en esta ocasión, aprende el Credo de los Apóstoles, o alguna declaración similar de fe.

Una oración

Para que tu fe en la Trinidad sea firme: la oración número 8 en la página 226.

Elementos adicionales

Estudio bíblico

Salmo 103.

En grupo

Describa cada uno una 'figura paternal' en su vida (no necesariamente el padre biológico, tal vez un hombre o una mujer a quien admira y en quien ha podido confiar). ¿En qué sentidos dicha persona te hace pensar en Dios?

Aplicación

Escribe tu propia carta dirigida a Dios. Comienza 'Querido Papá (o Padre, si te resulta más natural)' y cuéntale exactamente lo que ocupa tu corazón y tu mente en ese momento. Con frecuencia somos más minuciosos y más directos cuando escribimos que cuando oramos mentalmente. Si lo deseas, podrías conservar esa carta para tener presente su contenido.

Comprobación

¿Te resulta natural pensar en Dios, y hablarle como tu Padre?

Lecturas adicionales sugeridas

Conoce a jesús, Silvia Chaves, Certeza Argentina.

Hacia el conocimiento de Dios, J. I. Packer, Unilit.

'Trinidad', R. A. Finlayson, en el *Nuevo Diccionario Bíblico Certeza*, Certeza Unida.

5
Creemos en Jesucristo

En tanto el primer párrafo del Credo de los Apóstoles habla sobre Dios el Padre, el segundo habla acerca de Dios el Hijo. Es más largo que los otros dos párrafos. Esto se explica porque los debates más importantes de la iglesia primitiva se relacionaban con la persona de Jesucristo y, fundamentalmente, porque el cristianismo es Cristo. El credo nos dice quién es él y qué vino a hacer a este mundo. Es decir, describe su persona divina–humana y su obra salvífica.

La persona de Cristo, o quién es él

'Creo … en Jesucristo su único Hijo nuestro Señor … nacido de la virgen María.' Esta concisa afirmación indica que Jesús de Nazaret era tanto humano, hijo de María, como divino, Hijo de Dios.

1. La humanidad de Jesús

Los Evangelios sostienen claramente que el carpintero–profeta de Nazaret de Galilea era verdaderamente humano. Nació de una madre humana y se desarrolló desde niño, hasta hacerse adulto, en la forma en que lo hacemos todos. Tuvo un cuerpo humano, que experimentaba las angustias del hambre y la sed. Las tensiones de su incesante ministerio lo fatigaban. Se sentó en el brocal del pozo para descansar, y se quedó dormido sobre un cojín del barco. Tan abrumador fue su agonía en el huerto de Getsemaní que sus gotas de sudor parecían gotas de sangre. Finalmente, la crucifixión lo mató. Su cuerpo muerto fue retirado de la cruz, envuelto en una sábana, y colocado en una tumba en la roca.

Jesús experimentaba emociones humanas también. Miró al joven rico y lo amó. Derramó lágrimas ante la tumba de Lázaro, y lloró por la falta de arrepentimiento de Jerusalén. También habló de su gozo, que quería que sus discípulos compartieran. Sentía compasión por quienes padecían dolor y por las multitudes sin líderes. Se volvió con ira hacia los fariseos debido a su terquedad.

Además de su cuerpo humano y de las emociones que experimentaba, tenía un espíritu humano. Mantuvo comunión estrecha con su Padre celestial, y buscaba a menudo la soledad de los montes con el fin de orar. Las pruebas de su carácter plenamente humano son concluyentes. No cabe duda de que se trataba de 'Jesucristo hombre' (1 Timoteo 2.5).

2. El nacimiento virginal de Jesús

El credo también menciona los orígenes de la humanidad de Jesús, a saber, que 'fue concebido por el poder del Espíritu Santo y nacido de la virgen María'. En el debate contemporáneo en torno al nacimiento virginal, comúnmente se plantean tres interrogantes principales.

Primero, *¿qué significa?* El 'nacimiento virginal' es una expresión desafortunada porque pone el énfasis en la palabra 'nacimiento'. El nacimiento de Jesús fue enteramente normal y natural. Lo que fue anormal y sobrenatural fue su concepción por el Espíritu Santo, ya que su madre María era virgen.

Segundo, *¿ocurrió realmente?* Tanto Mateo como Lucas ofrecen un sobrio registro de este acontecimiento milagroso. Si prestamos una atención cuidadosa y desprejuiciada a lo que narran, creo que llegaremos a la conclusión de que se proponían escribir historia y no mito (Lucas, especialmente, afirma esto en su prefacio). En ambos el enfoque es modesto y discreto, en contraste con las crudezas de los cuentos paganos; sus relatos son independientes entre sí, a la vez que complementarios: Mateo cuenta la historia desde el punto de vista de José, y Lucas desde el de María. Cierto es que Marcos y Juan no registran el nacimiento virginal, pero esto no quiere decir que no tenían conocimiento de él. Eligieron comenzar su relato con Juan el Bautista, y no hicieron referencia alguna al nacimiento y la infancia de Jesús. ¿Hemos de deducir de esto que pensaban que no habían ocurrido? Tanto Juan, como luego Pablo, dan a entender la preexistencia de Jesús cuando escriben que 'Dios mandó a su Hijo', o que 'vino de arriba' y 'entró en el mundo'. Lo más probable es que creyeran que esto ocurrió por medio del nacimiento virginal.

Tercero, *¿tiene importancia?* Es un hecho que las grandes declaraciones evangélicas del Nuevo Testamento, que proclaman la muerte y resurrección de Jesús, no aluden al nacimiento virginal. Los apóstoles no se valieron de este hecho sobrenatural para demostrar la deidad de Jesús. Tampoco deberíamos hacerlo nosotros. Es mejor argumentar a la inversa, sosteniendo que, si Jesús era el Hijo de Dios, era tan apropiado que entrara en el mundo por el nacimiento virginal como lo fue irse por medio de la ascensión. Lucas registra el anuncio angelical a María con estas palabras: 'El Espíritu Santo vendrá sobre ti, y el poder del Altísimo te cubrirá con su sombra. Así que al santo niño que va a nacer lo llamarán Hijo de Dios' (Lucas 1.35). Este versículo se refiere tanto a la concepción como al nacimiento de Jesús. Su humanidad se remonta a la madre humana de la que nació; su deidad y su condición sin pecado al Espíritu Santo que le hizo sombra.

3. La deidad de Jesús

El Credo de los Apóstoles se refiere a Jesús no sólo como hijo de María, sino como el Hijo de Dios, de hecho 'su único Hijo, nuestro Señor'. El Credo Niceno es más completo, y lo describe como 'el único Hijo de Dios, el eternamente engendrado del Padre, Dios de Dios, Luz de Luz, verdadero Dios de verdadero Dios, engendrado, no creado, de un ser con el Padre'. El Credo de Atanasio aclara aun más esta doctrina al afirmar que Jesús 'no fue hecho, ni creado, sino engendrado'. Estas distinciones son importantes. Las personas 'hacen' cosas con materiales (por ejemplo madera, metales, o textiles), 'crean' cosas de la nada (por ejemplo una idea, un poema, o una melodía), pero sólo pueden 'engendrar' hijos a partir de sí mismas. De manera que del Hijo se dice que es 'el eternamente engendrado del Padre' o 'Dios de Dios', y por ende 'de un ser con el Padre'. Es él quien 'se encarnó en la virgen María, y fue hecho hombre' (Credo Niceno), de modo que era y sigue siendo tanto Dios como hombre simultáneamente.

¿Pero no se tratará de un mito piadoso, invención de sus crédulos discípulos? No; las pruebas cumulativas tocante a la deidad de Jesús son mucho más fuertes que lo que con frecuencia se advierte. Tomemos los Evangelios como si sólo fueran documentos históricos ordinarios. Presentan a un carpintero campesino, de un hogar humilde en un pueblecito oscuro, quien hizo afirmaciones sobre sí mismo de tal naturaleza que nos sentimos tentados a dudar de su sano juicio. Su enseñanza estuvo extraordinariamente centrada en sí mismo. Llamaba a Dios 'el Padre' y a sí mismo 'el Hijo' en términos absolutos, indicando que existía entre ellos una relación única. Se atrevió a decir que estaba inaugurando el largamente esperado reino de Dios, y que la gente sólo podía entrar en él respondiendo a su llamado. No se refería a sí mismo como profeta, ni como el más grande de los profetas, sino como si fuese él mismo el cumplimiento de toda la profecía, ya que las Escrituras (decía) daban testimonio de él. Se llamaba a sí mismo la luz del mundo y el único camino al Padre. Invitaba a la gente a acudir a él, prometiendo que calmaría a los sedientos y que daría descanso a los cansados. Se atrevió a perdonar los pecados de la gente (algo que sólo Dios puede hacer), y esto le valió el terrible cargo de blasfemia. Además, escandalizaba a sus oyentes, afirmando que iba a regresar al final de la historia con el propósito de juzgar al mundo.

¿Cómo hemos de explicar estas extravagantes afirmaciones, afirmaciones que hacía con sorprendente seguridad, a la vez que en forma tan modesta y tranquila? No era más que un joven, apenas de treinta años de edad. Había recibido muy poca educación formal. Nunca se había alejado de Palestina.

Sin embargo, repetidamente, confiadamente, sin ostentación alguna, dio a conocer sus extraordinarias pretensiones.

¿Estaba loco? ¿Era un megalómano, alguien que sufría delirios de grandeza? ¿Era víctima de una fantasía, de una alucinación acerca de sí mismo? Esta es una sugerencia que se ha hecho ocasionalmente, pero que no puede sostenerse. No dio señal alguna de fanatismo, y menos depsicosis. Además, el que es víctima de una alucinación no engaña a nadie sino a sí mismo, mientras que Jesús ha convencido a millones de personas. La razón está en que no había incoherencia alguna entre sus afirmaciones y su carácter. Todo lo contrario, parecía el que afirmaba ser. Tomemos su modestia, por ejemplo. Las personas alucinadas están obsesionadas consigo mismas. Si creen que son importantes, se comportan como si lo fuesen. Pero es justamente aquí que Jesús despista a sus críticos. Creyendo que era alguien, actuaba como si no fuese nadie. Llamándose a sí mismo el Hijo de Dios, se puso el delantal de un esclavo y les lavó los pies a los apóstoles. El Señor de ellos se convirtió en siervo de ellos. Además, se hacía amigo de los desheredados de la sociedad, recibía a las prostitutas, y tocaba a los intocables. Se entregó a sí mismo, cumpliendo servicios desinteresados para los demás. Y finalmente se sometió a un arresto, un juicio y una condena injustos. No hizo ningún intento de resistencia cuando se mofaron de él, cuando lo azotaron, cuando le escupieron en el rostro, y cuando terminaron crucificándolo. Incluso oró pidiendo perdón para sus atormentadores.

Estamos frente a una extraordinaria paradoja. Jesús se manifestó extremadamente centrado en sí mismo con sus palabras, pero totalmente vuelto hacia los demás con sus actos. Daba la impresión de ser orgulloso, pero era humilde en la práctica. En su enseñanza se propiciaba a sí mismo; en su ministerio se olvidaba de sí mismo para hacer la voluntad de su Padre y propiciar el bienestar de la gente. Esta combinación de egocentrismo y humildad no tiene paralelo en la historia del mundo. La única manera de resolver el enigma es reconocer que Jesús de Nazaret era y es el Hijo de Dios.

Agreguemos a esta paradoja la resurrección, y el caso queda completo. Ninguna explicación satisfactoria ha podido darse en cuanto a la desaparición del cuerpo de Jesús de la tumba, excepto que Dios lo levantó de entre los muertos. En cuanto a la reaparición de Jesús, los apóstoles insistieron en que lo habían visto personalmente, varias veces y en diversos lugares. Se trataba de rudos pescadores; no eran propensos a las alucinaciones. Más bien a la inversa. Al principio se rehusaron a creer en la resurrección; pero su escepticismo fue superado. Sus acciones posteriores corroboraron el cambio que experimentaron en su actitud: eran personas transformadas. Ya no se sintieron desilusionados ni intimidados, salieron de su escondite, se enfrentaron a las autoridades judías, y denodadamente proclamaron a Jesús y su resurrección. Estuvieron dispuestos a arriesgarse a la cárcel y la muerte. Nada hay que pueda dar cuenta adecuadamente de estas cosas, salvo el hecho de que Jesús realmente había vencido la muerte.

Jesús era el Hijo de Dios, así como también el hijo de María. Las pruebas históricas, tanto de su humanidad como de su deidad, son abrumadoras. Más todavía, los credos sabiamente sostienen estas dos realidades acerca de Jesús sin intentar reconciliarlas. 'Nuestro Señor Jesucristo, el Hijo de Dios,' dice el Credo de Atanasio, 'es Dios y hombre; Dios, de la sustancia del Padre, engendrado con anterioridad a los mundos; y hombre, de la sustancia de su madre, nacido en el mundo, perfecto Dios y perfecto hombre.' En consecuencia, 'dos naturalezas completas y perfectas, vale decir, la deidad y la humanidad, fueron reunidas en una sola Persona, para no ser divididas jamás, por lo cual es un Cristo, muy Dios y muy hombre.'[8]

La obra de Cristo, o lo que hizo

1. La muerte de Jesús

Los credos pasan directamente del nacimiento de Jesús a su muerte, de la madre que lo llevó en su seno al juez que lo condenó: 'Nació de la virgen María. Padeció bajo Poncio Pilato, fue crucificado, muerto y sepultado.' La referencia a Pilato nos recuerda que la crucifixión fue un hecho histórico, porque se trataba de un procurador notorio de la provincia romana de Judea, administrador eficiente pero despiadado. Más aun, el salto inmediato del nacimiento a la muerte de Jesús demuestra su centralidad. Prácticamente no es exageración decir que nació para morir. Constantemente predijo su muerte como algo necesario,[9] y se refería a ella como la 'hora' para la cual había venido al mundo (por ejemplo Juan 12.27). Cuando, en su última noche, instituyó la cena en conmemoración de su persona, el pan y el vino que les dio no hablaba de su nacimiento ni de su vida, de su enseñanza ni de sus milagros, sino de su muerte violenta en la cruz. Era por esto último, por sobre todo, que deseaba ser recordado. Todos sus apóstoles llegaron a comprender que su muerte era de importancia primordial (1 Corintios 15.3), y Pablo agregó que no se jactaría de ninguna otra cosa, y que no predicaría ninguna otra cosa (Gálatas 6.14; 1 Corintios 2.2). No es, por consiguiente, un accidente que el símbolo del cristianismo sea una cruz.

¿Por qué murió, entonces? Los credos no nos lo dicen, pero el Nuevo Testamento sí. La verdad es que enumera varias razones. Murió como mártir para su propia grandeza, víctima de mentes pequeñas y corazones perversos (Hechos 2.23; 3.13–15; 4.27). Murió para dejar un ejemplo sobre la forma de soportar el sufrimiento injusto sin tomar venganza (1 Pedro 2.21–23). Murió para revelar el inagotable e inextinguible amor de Dios (por ejemplo Romanos 5.8; 1 Juan 4.10). También murió como nuestro representante, de modo que como él murió y resucitó, nosotros mismos debemos morir al pecado y vivir para la justicia (por ejemplo 1 Pedro 2.24). De manera que murió como mártir, para ser ejemplo, ofrecer revelación, y actuar como representante. No debemos olvidar estos aspectos. Pero por encima de todo, murió para ser el Salvador. Fue 'por nosotros los hombres y para nuestra salvación' que 'descendió del cielo' (Credo Niceno) y entregó su vida. Efectivamente, los apóstoles repiten constantemente que 'murió por nuestros pecados'. Lo que quieren decir con esto debería quedar claro por el hecho de que la Biblia, de comienzo a fin, vincula la muerte con el pecado, como su justa retribución. 'La paga del pecado es muerte' (Romanos 6.23). Entonces, si *él* murió por *nuestros* pecados, tiene que significar que él llevó en nuestro lugar la pena que merecían nuestros pecados.

Consideremos dos afirmaciones del apóstol Pedro. La primera es que 'él mismo, en su cuerpo, llevó al madero nuestros pecados' (1 Pedro 2.24). Por cuanto en todo el Antiguo Testamento 'llevar el pecado' significa 'cargar con la pena por el pecado', esta aseveración se explica por sí sola. La segunda afirmación es la de que 'Cristo murió por los pecados una vez por todas, el justo por los injustos, a fin de llevarlos a ustedes a Dios' (1 Pedro 3.18). Aquí está claro que la meta de Cristo era reconciliarnos con Dios, en tanto que el medio para hacerlo era su muerte. El inocente moría en lugar del culpable, con el fin de descartar los pecados que hasta entonces nos habían separado de Dios. Abandonado por Dios, la terrible oscuridad que soportó Jesús en la cruz era el infierno que merecían nuestros pecados.

> No podemos saber, no podemos decir
> Los dolores que tuvo que soportar,
> Pero creemos que fue por nosotros
> Que fue colgado y sufrió allí.

> Murió para que nosotros fuésemos perdonados,
> Murió para hacernos buenos;
> Para que finalmente fuésemos al cielo,
> Salvados por su preciosa sangre.
>
> No había otro que pudiera reemplazarnos
> Y pagar el precio del pecado;
> Sólo él podía abrir la puerta
> Del cielo, para dejarnos entrar.

Sólo porque el impecable Hijo de Dios fue '[tratado] como pecador' y '[hecho] maldición por nosotros' (2 Corintios 5.21; Gálatas 3.13), podemos, nosotros los pecadores, ser perdonados. Por medio de la muerte de su Hijo, Dios ha llevado él mismo la condenación de nuestros pecados, haciéndose simultáneamente juez y juzgado, cumpliendo así perfectamente tanto su justicia como su amor, con el fin de ofrecernos un perdón gratuito. Con razón el Credo de los Apóstoles termina con una referencia al 'perdón de los pecados, la resurrección del cuerpo y la vida eterna', porque estos son 'los beneficios de su pasión', las bendiciones que Cristo ha conquistado para nosotros mediante su muerte. Hemos de cantar con los ángeles por toda la eternidad: '¡Digno es el Cordero, que ha sido sacrificado, de recibir el poder, la riqueza y la sabiduría, la fortaleza y la honra, la gloria y la alabanza!' (Apocalipsis 5.12).

Pero el credo no termina con Cristo en la cruz. Procede a mencionar en rápida sucesión cinco acontecimientos adicionales de su carrera salvífica.

2. El descenso, la resurrección y la ascensión de Jesús

Primero, 'descendió al infierno'. Esto es algo que ha dejado perplejas a generaciones de creyentes, porque han pensado que 'infierno' significa *gehena*, el lugar de castigo. Pero la palabra 'infierno' es traducción, más bien, del término griego *hadēs*, que simplemente significa 'el lugar de los espíritus que han partido' o 'la morada de los muertos'. Es por esto que con frecuencia los términos 'muerte' y 'hades' aparecen juntos en el Nuevo Testamento (por ejemplo Apocalipsis 1.18; 20.13–14), como el hecho y el lugar al que conduce. Las versiones modernas del credo tienden a traducir 'descendió a los muertos'. La razón que llevó a incluir esta cláusula en el credo fue que se quería mostrar que Jesús, después de su muerte y la sepultura de su cuerpo, fue en espíritu al otro mundo (hasta su resurrección, al tercer día). Fue allí en parte para anunciar la gran victoria que había obtenido en la cruz, y en parte para asegurarnos de que él conoció todas las experiencias que son parte integrante de nuestra humanidad, incluidos la muerte y el hades, los que por consiguiente no deberían ser motivo de temor para nosotros.

Segundo, 'al tercer día resucitó'. Así como la cláusula 'sufrió bajo Poncio Pilato' da testimonio de la historicidad de la muerte de Jesús, así también la cláusula que comienza 'al tercer día' da testimonio de la historicidad de su resurrección. Fue un acontecimiento concreto y susceptible de ser fechado. El alma y el cuerpo de Jesús, que habían sido separados al morir él (cuando su cuerpo permaneció en la tumba mientras su alma fue al *hadēs*), fueron luego reunidos nuevamente y él fue gloriosamente transformado. No hay duda de que hubo tanto continuidad como discontinuidad entre su cuerpo terrenal y el de su resurrección. Su nuevo cuerpo era el mismo que el anterior (su fisonomía, sus llagas, y su voz eran reconocibles), y, sin embargo, maravillosamente diferente (porque poseía nuevos poderes, aparecía y desaparecía, adquiría forma material, pero podía atravesar puertas cerradas). Queda claro que 'resurrección' significa 'resurrección corporal' (1) debido al testimonio de los evangelistas, en el sentido de que la tumba quedó vacía, (2) dado que la tradición apostólica afirma que Jesús 'murió, fue sepultado, resucitó, y apareció o fue visto' (1 Corintios 15.3–5), de tal manera que lo que resucitó fue lo que había sido sepultado, es decir, su cuerpo, y (3) por cuanto el cuerpo resucitado de Jesús era y es la primera porción del universo material que ha sido redimida, y es, por consiguiente, la primera prenda o garantía de la nueva creación de Dios.

Tercero, 'ascendió al cielo'. No tenemos por qué sentirnos incómodos con el relato de la ascensión. Por cierto que Lucas creía que se trataba de un hecho histórico, porque destacó que ocurrió ante testigos oculares (Hechos 1.9–11). Tampoco deberíamos dejarnos amedrentar por las burlas de los que piensan que resulta ridículo presentar la ascensión como un 'despegue', y a Jesús como el primer cosmonauta. Jesús hubiese podido, fácilmente, 'volver al Padre' en forma invisible y secreta. Después de todo, había desaparecido varias veces durante los cuarenta días entre la resurrección y la ascensión. La razón que le llevó a irse en forma visible y pública es que quería convencer a sus apóstoles que se iba para siempre. Ahora debían esperar, no que él reapareciera, sino la llegada del Espíritu Santo.

3. La posición actual y el regreso de Jesús

En cuarto lugar, 'está sentado a la diestra del Padre'. Esta es clara y ciertamente una metáfora, así como las referencias a la muerte, el descenso, la resurrección y la ascensión son afirmaciones de carácter histórico. Cuando el rey Salomón concedió a su madre una audiencia, 'mandó que pusieran otro trono para su madre; y ella se sentó a la derecha del rey' (1 Reyes 2.19). En prácticamente todas las culturas el estar sentado a la derecha equivale a ocupar el lugar de honor. Además, como ya hemos visto, Jesús está 'sentado' allí porque está descansando por haber completado su obra de redención. Los sacerdotes permanecían de pie en el templo, y no había asientos provistos para ellos, porque sus tareas en relación con los sacrificios nunca terminaban. Día tras día, semana tras semana, mes tras mes, y año tras año ofrecían 'los mismos sacrificios, que nunca pueden quitar los pecados … Pero este sacerdote [Jesús], después de ofrecer por los pecados un solo sacrificio para siempre, se sentó a la derecha de Dios' (Hebreos 10.11–12). Ahora espera hasta que su victoria sea universalmente reconocida y sus enemigos sean puestos por estrado de sus pies (Salmo 110.1).

Quinto, 'volverá a juzgar a los vivos y a los muertos'. La razón para creer que Jesucristo volverá es que él mismo lo dijo (por ejemplo Marcos 14.62). Algunos sostienen que él esperaba que su *parousia* ('venida') se produjese en el curso de la vida de sus contemporáneos, pero estaba equivocado. Sin embargo, Jesús declaró que él mismo no sabía la fecha de su regreso (Marcos 13.32); por lo tanto, resulta extremadamente improbable que hubiese enseñado cuándo habría de ocurrir. Lo que indudablemente quería hacer con sus urgentes predicciones era persuadir a sus seguidores de que debían 'estar alerta', porque no sabían cuándo ocurriría su regreso (por ejemplo Marcos 13.33–37). Al considerar la parusía, no deberíamos negar que será un acontecimiento de la historia, y tampoco 'adornarla', embelleciéndola con nuestras propias fantasías. En cambio, si somos sabios y humildes, reconoceremos que hay todavía muchos misterios, y tendremos cuidado de no ir más allá de la clara enseñanza de las Escrituras. Sin volvernos dogmáticos acerca de los detalles, podremos por lo menos afirmar que la venida del Señor será un hecho personal ('este mismo Jesús', 'el Señor mismo' Hechos 1.11; 1 Tesalonicenses 4.16), visible ('todos lo verán con sus propios ojos' Apocalipsis 1.7), universal e indiscutido ('como el relámpago' Lucas 17.24), y glorioso (en 'la majestad de su poder' 2 Tesalonicenses 1.9). 'Vendrá otra vez en gloria,' dice el Credo Niceno; su segunda venida será tan espectacular como fue humilde y oscura su primera venida.

El propósito principal de su venida será aplicar a los suyos todas las bendiciones de la salvación que ha conquistado para ellos, bendiciones cuyo cumplimiento está pendiente. Los levantará de entre los muertos, les dará cuerpos nuevos y gloriosos como el suyo (Filipenses 4.21), y los trasladará a 'un cielo nuevo y una nueva tierra, en los que habite la justicia' (2 Pedro 3.13), tal como lo prometió. Con todo, el credo enfatiza el segundo propósito de su venida, a saber, el juicio. Cristo aseguró que el Padre 'todo juicio lo ha delegado en el Hijo' (Juan 5.22, 27), y sus apóstoles declararon que Dios ya había designado al juez y había fijado el día del juicio (Hechos 10.42; 17.31). Entonces los que se han negado a arrepentirse y creer sufrirán el terrible destino del 'castigo de la destrucción eterna, lejos de la presencia del Señor' (2 Tesalonicenses 1.9), en tanto que los que han acudido presurosos a Jesús en busca de refugio a causa de sus pecados y han huido de la ira de Dios han de heredar, como afirma el Credo Niceno, 'su reino', el que 'no tendrá fin'.

Creemos en Jesucristo

Elementos básicos

Preguntas

1. ¿Cómo le contestarías a alguien que dice, 'Jesús fue, obviamente, un gran maestro religioso, pero no puedo creer que haya sido el Hijo de Dios'?

2. Algunos líderes de la iglesia de nuestros días dicen que no es necesario creer que el nacimiento virginal de Jesús, su resurrección corporal o ascensión realmente ocurrieron. ¿Estás de acuerdo o no? ¿Por qué?

3. ¿Qué está haciendo Jesús ahora?

Una promesa

La constante presencia de Cristo: Mateo 28.20; Hebreos 13.5–6.

Una oración

Por una fe firme en la Trinidad: la oración número 8 en la página 226.

Elementos adicionales

Estudio bíblico

Filipenses 2.5–11.

En grupo

Elijan y canten algunas de sus canciones o himnos favoritos acerca de Jesús. ¿Qué les gusta en particular de estos himnos o canciones?

Aplicación Una de las oraciones cristianas más antiguas del mundo es 'La oración a Jesús', basada en algunas palabras de una de sus parábolas:

> *Señor Jesucristo,*
> *Hijo de Dios,*
> *Ten misericordia de mí,*
> *Un pecador.*

Repítela en voz baja o en silencio, varias veces, para permitir que Jesús te traiga a la memoria y perdone cualquier pecado no confesado.

Comprobación ¿Adoras a Jesús como Dios con tu mente y con toda tu vida?

Lecturas adicionales sugeridas

Apocalipsis: No tengan miedo, Jorge Atiencia y Ziel Machado, Certeza Unida.

Como Jesús, Max Lucado, Unilit.

Conoce a Jesús, Silvia Chaves, Certeza Argentina.

El Jesús que nunca conocí, Phillip Yancey, Vida.

La cruz de Cristo, John Stott, Certeza Unida.

'Resurrección', capítulo 3 en *Cristianismo básico*, John Stott, Certeza Unida.

Señales de una iglesia viva, John Stott, Certeza Argentina.

La victoria de Cristo, John White, Certeza Argentina.

6
Creemos en el Espíritu Santo

Recuerdo haber leído hace algunos años acerca de un hombre en la China que estaba averiguando sobre la fe cristiana, pero que estaba muy perplejo en cuanto al tema del Espíritu Santo, y aún más después de leer que, al ser bautizado Jesús, el Espíritu descendió sobre él como una paloma. 'Lo del Padre lo entiendo,' dijo el chino, 'y lo de Jesucristo su Hijo, pero, ¿quién es esta ave santa?' Podemos comprender a este hombre con su confusión.

Otra razón que hace que sea difícil entender lo del Espíritu Santo es el hecho de que se trata de un Espíritu reservado y modesto. A diferencia de nosotros, no encuentra placer alguno en llamar la atención sobre sí mismo o en que se le tributen alabanzas. Demasiada publicidad lo incomoda. En cambio, su principal ministerio es el de dar testimonio tanto del Padre como del Hijo. Es él quien nos hace decir en oración '¡*Abba*! ¡Padre!', y es él quien hace que podamos confesar que 'Jesús es el Señor' (Romanos 8.15; 1 Corintios 12.3). De hecho, se ha descrito su papel distintivo como 'un ministerio que consiste en centrar la intensidad de la luz de un reflector sobre la persona del Señor Jesucristo … Cuando se cumple bien esta función, los reflectores se colocan de tal manera que no se los ve … lo que debe verse es solamente el edificio donde están colocados los reflectores'. De manera que el Espíritu Santo es 'el reflector oculto que derrama su luz sobre el Salvador'.[10]

La primera verdad que debemos afirmar en relación con el Espíritu Santo es que él es Dios, la tercera persona de la

Trinidad. Por lo tanto es eterno. Estuvo activo en la creación, y comparte las tareas de renovación de la misma (Génesis 1.2; Salmo 104.30).

Porque es Dios, es omnipresente; por ello el salmista podía preguntar: '¿A dónde podría alejarme de tu Espíritu? ¿A dónde podría huir de tu presencia?' (Salmo 139.7). Mentirle al Espíritu es mentirle a Dios (Hechos 5.3–4, 9), y rechazar descaradamente lo que sabemos que es verdad es blasfemar contra él (Marcos 3.29). Dado el hecho de que fue enviado tanto por el Padre como por el Hijo (Juan 14.16; 16.17), se le llama igualmente 'el Espíritu de Dios' y 'el Espíritu de Cristo'. Más todavía, Jesús se refirió a él como aquel que 'procede del Padre' (Juan 15.26), es decir, que derivaba eternamente su propio ser divino de él. El Credo Niceno agrega que también procede 'del Hijo'. La así llamada cláusula *filioque* se discutió mucho tiempo, y fue la causa principal del cisma entre las iglesias de Oriente y de Occidente en 1054. Por cierto que carece de apoyo bíblico claro. No obstante, todos concuerdan con la afirmación del Credo Niceno, de que el Espíritu Santo es 'el Señor' (ver 2 Corintios 3.17–18), quien 'con el Padre y el Hijo juntamente es adorado y glorificado'. De hecho, igual honor le corresponde a cada persona de la Trinidad. El Credo de Atanasio deja la cuestión debidamente aclarada: 'La Deidad del Padre, y del Hijo, y del Espíritu Santo, es todo uno: la gloria es igual, la majestad es coeterna … De manera que el Padre es Dios, el Hijo es Dios, y el Espíritu Santo es Dios. Y, con todo, no son tres Dioses, sino un Dios.'

La personalidad del Espíritu Santo

El Espíritu Santo, quien es Dios, es también un ser personal. A algunos cristianos les resulta difícil comprender esto, porque el Espíritu Santo nunca ha tenido ni tendrá cuerpo. Pero es posible ser persona sin ser corpóreo. Nosotros mismos, durante el ínterin entre la muerte y la resurrección, seremos espíritus sin cuerpo, pero no dejaremos de ser personas.

Hay dos razones principales para creer en la personalidad del Espíritu Santo. Primero, en el griego del Evangelio de Juan se registra cinco veces que Jesús se refirió al Espíritu Santo mediante el pronombre enfático *ekeinos*, 'él' (Juan 14.26; 15.26; 16.8, 13–14). Esto resulta tanto más notable porque el masculino 'él' está en aposición con el sustantivo neutro *pneuma*, 'Espíritu'. ¡Aquí la gramática debió adaptarse a la teología! El Espíritu Santo no es una influencia vaga e indefinible, sino una persona viva, no el neutro 'ello' sino el masculino 'él'.

La segunda razón es que Jesús y sus apóstoles afirmaban que el Espíritu Santo tiene mente, sentimientos y voluntad, cosas que generalmente se reconocen como los tres aspectos que constituyen la personalidad. Pablo escribió sobre 'la intención [mente] del Espíritu' (Romanos 8.27), y se refirió a él diciendo que escudriña, enseña, testifica, y habla; todo lo cual sería imposible sin la facultad mental. El mandato a no 'agraviar' o entristecer al Espíritu Santo (ver Efesios 4.30) deja en claro que también tiene sentimientos. En el griego el verbo 'agraviar' aparece 42 veces en el Nuevo Testamento, y en cada una de ellas se refiere a personas. Sólo las personas pueden sentir dolor. Finalmente, el Espíritu Santo también tiene voluntad, porque él distribuye dones a diversos creyentes, 'según él lo determina' (1 Corintios 12.11). Puesto que puede pensar, sentirse agraviado y adoptar decisiones, llegamos a la conclusión de que es plenamente personal.

La obra del Espíritu Santo

Durante su última noche con los doce, en el aposento alto, Jesús los dejó perplejos cuando les dijo: 'Les conviene que me vaya porque, si no lo hago, el Consolador no vendrá a ustedes; en cambio, si me voy, se lo enviaré a ustedes' (Juan 16.7). ¿En qué sentidos sería el ministerio del Espíritu mejor que el del Hijo? En dos sentidos. Primero, el Espíritu Santo *universaliza* la presencia de Jesús. Los discípulos no podían disfrutar de una comunión ininterrumpida con su Maestro, porque cuando estaban en Galilea, él podía encontrarse en Jerusalén, o vice-versa. La presencia de Jesús estaba limitada a un lugar a la vez. Pero ahora, a través de su Espíritu, Jesús está con nosotros en todas partes y siempre. Segundo, el Espíritu Santo *internaliza* la presencia de Jesús. A sus discípulos les dijo: 'Ustedes … lo conocen al Espíritu de verdad, [el Consolador], porque vive con ustedes y estará en ustedes. No los voy a dejar huérfanos; volveré a ustedes' (Juan 14.15–18). En la tierra Jesús estaba con ellos y podía enseñarles, pero no podía ingresar en su personalidad para cambiarlos desde dentro. Ahora, empero, por medio del Espíritu Santo Cristo mora en nuestro corazón por la fe (Efesios 3.16–17) y allí cumple su obra transformadora.

El Espíritu universaliza e internaliza la presencia de Jesús.

Al Espíritu Santo se lo ha llamado a veces el 'agente ejecutor' de la deidad, entendiendo que lo que el Padre y el Hijo desean hacer en el mundo y en la iglesia en la actualidad, lo ejecutan a través del Espíritu Santo. Los credos dicen poco acerca de esta actividad, pero se la describe plenamente en el Nuevo Testamento. Consideraremos siete áreas del ministerio del Espíritu Santo.

1. La conversión cristiana

La experiencia de conversión es, de comienzo a fin, obra del Espíritu Santo. Uno de sus títulos es 'Espíritu de la gracia' (Hebreos 10.29) porque, igual que el Padre y el Hijo, anhela la salvación de los pecadores. Sin su benéfica influencia nadie jamás se acercaría a Cristo.

Comienza 'redarguyendo' (o convenciendo) al mundo en cuanto al 'pecado, a la justicia y al juicio' (Juan 16.8–10). Cada estocada de la conciencia y punzada de culpa, cada sensación de separación de Dios y anhelo de reconciliación, y cada acceso de temor ante el juicio venidero son todos provocados por él. Luego, nos abre los ojos a fin de que podamos ver la verdad, la gloria y el poder salvador de Jesús. Más todavía, su ministerio más característico consiste en dar testimonio de Jesucristo (Juan 15.26). Cierto es que nosotros también somos llamados a ser testigos suyos, pero nuestro testimonio es siempre secundario. El Espíritu Santo es el testigo principal, y sin su testimonio el nuestro sería vano. Habiéndonos hecho ver nuestro pecado, y habiéndonos mostrado nuestro Salvador, el Espíritu Santo nos impulsa a arrepentirnos y a creer, y de este modo a experimentar el nuevo nacimiento. Porque nacer de nuevo es '[nacer] del Espíritu' (Juan 3.6–8). Es él quien da vida a los que anteriormente estaban muertos en sus transgresiones y pecados (Efesios 2.1–5); con justicia el Credo Niceno le llama 'el Señor, el Dador de la vida'.

2. La certidumbre cristiana

El Espíritu Santo habita en quienes han nacido de nuevo, y su presencia en nosotros es el 'sello' de Dios, que indica que ahora somos suyos (2 Corintios 1.22; Efesios 1.13; 4.30). A la inversa, 'si alguno no tiene el Espíritu de Cristo, no es de Cristo' (Romanos 8.9). Además de constituir una indicación objetiva de que pertenecemos a Dios, el Espíritu que mora en nosotros nos asegura en forma activa que contamos con el amor de Dios y su paternidad (Romanos 5.5; 8.16). Pero hay algo más todavía. El Espíritu no sólo sella nuestros privilegios presentes, y da testimonio de ellos; es al mismo tiempo la garantía de nuestra futura herencia (2 Corintios 1.22; Efesios 1.14). El vocablo griego para 'garante' es *arrabōn*, cuyo equivalente en griego moderno se usa para el anillo de compromiso, la promesa de casamiento. En el griego del primer siglo, empero, se usaba comercialmente para un anticipo o depósito. Es como si Dios, al darnos su Espíritu, nos ha hecho entrega de la primera cuota de nuestra salvación, asegurándonos que la plenitud (o la totalidad) también será nuestra a su debido tiempo.

Estas tres figuras —el sello (que asegura la propiedad), el testimonio (que proporciona confianza interior), y el garante (que asegura la herencia final)— ilustran, todas ellas, aspectos de la obra del Espíritu Santo, proporcionando certidumbre al pueblo de Dios.

Tal vez este sea el mejor lugar para decir algo acerca del llamado 'bautismo del (o con, o en) el Espíritu Santo'. La enseñanza de las iglesias pentecostales, y de muchas personas en el movimiento carismático o neopentecostal, es la de que recibimos el 'don' del Espíritu cuando por primera vez creemos, pero que luego necesitamos una segunda experiencia llamada el 'bautismo' del Espíritu, generalmente vinculada al 'hablar en lenguas'. El Nuevo Testamento, sin embargo, no habla de dos etapas; enseña que, a la bendición inicial de la regeneración por el Espíritu, le sigue un proceso de crecimiento hacia la madurez, durante el cual el Espíritu nos concede, por cierto, muchas experiencias con Dios, más profundas y ricas. Con frecuencia estas vivencias traen consigo una nueva percepción de quién es Dios y una conciencia más vívida de su amor. Pero no debería llamarse a esto 'bautismo del Espíritu'. La expresión ser 'bautizado con el Espíritu' aparece siete veces en el Nuevo Testamento. Seis veces, en referencia a las palabras de Juan el Bautista: 'Yo los he bautizado a ustedes con agua, pero él los bautizará con el Espíritu Santo', promesa que se cumplió el día de Pentecostés. La séptima mención (1 Corintios 12.13) destaca el hecho de que todos hemos sido 'bautizados' por el Espíritu y que se nos ha dado a beber del Espíritu; dos figuras gráficas que hablan de que lo hemos recibido.

3. La santidad cristiana

La vida cristiana es una vida santa porque nuestro Dios es un Dios santo. Es imposible leer la Biblia y no ver esto. Tanto en el Antiguo Testamento como en el Nuevo, Dios exhorta a su pueblo diciendo: 'Sean santos, porque yo soy santo.'[11] Dios el Padre 'nos escogió … antes de la creación del mundo, para que seamos santos …' (Efesios 1.4). El Señor Jesús 'se entregó por nosotros para rescatarnos de toda maldad y purificar para sí un pueblo elegido, dedicado a hacer el bien' (Tito 2.14). Aun más, se debe a que Dios nos llama a vivir una vida de 'santidad' que nos da 'su Espíritu Santo' (1 Tesalonicenses 4.7–8). De manera que cada persona de la Trinidad se ocupa en forma activa de nuestra santidad.

Pero es principalmente el Espíritu Santo, como lo indica su nombre, el que está dedicado a promover la santidad en el pueblo de Dios. Su ministerio consiste no sólo en mostrarnos la persona de Cristo, sino en formar a Cristo en nosotros. Y lo hace penetrando profundamente en los rincones ocultos de nuestra personalidad. La enseñanza, el ejemplo y la exhortación tienen todos su importancia, pero no constituyen sustitutos adecuados del poder del Espíritu en nuestro interior. Sólo él puede controlar el mal y cultivar el bien en nuestro ser. Esto no quiere decir que nosotros mismos no tengamos parte en el proceso, sin embargo. A nosotros nos toca tomar la actitud adecuada en el conflicto entre 'la carne' (nuestra naturaleza humana caída) y 'el Espíritu' (el Espíritu Santo que mora en nosotros). Por una parte, enseña Pablo, 'los que son de Cristo Jesús han crucificado la naturaleza pecaminosa, con sus pasiones y deseos'. Es decir, tenemos que ser drásticos en nuestro rechazo de todo cuanto sabemos que es malo (Gálatas 5.24). Por otra, hemos de '[vivir] por el Espíritu', dejarnos '[guiar por] el Espíritu' y '[andar] guiados por el Espíritu', sometiéndonos diariamente a su dominio, y siguiendo su orientación (Gálatas 5.16, 18, 25).

4. El entendimiento cristiano

Uno de los títulos favoritos de Jesús para el Espíritu Santo era 'el Espíritu de [la] verdad' (Juan 14.17; 15.26; 16.13). Está claro, entonces, que el Espíritu Santo cree, ama, defiende, y enseña la verdad, y que los cristianos que están llenos del Espíritu han de compartir sus intereses.

Su compromiso con la verdad se ve primero y principalmente en su inspiración de las Escrituras. El Credo Niceno incluye la significativa expresión de que 'habló por medio de los profetas'. Me volveré a ocupar de la Biblia en el capítulo 8.

Mientras tanto, basta tomar nota de lo que dice este credo. Los profetas eran los vehículos para la revelación del Espíritu Santo. Él habló por medio de ellos de tal modo que las palabras de ellos constituían a la vez sus propias palabras. Según el escritor de Hebreos, 'Dios … habló … por medio de los profetas' (Hebreos 1.1). Según Pedro, 'profetas hablaron de parte de Dios' (2 Pedro 1.21). De modo que habló Dios y hablaron hombres. Ambas cosas son verdad. Aquí tenemos la doble paternidad de las Escrituras. No debemos afirmar una cosa de tal modo que contradigamos la otra. Más todavía, lo que es cierto de los profetas del Antiguo Testamento es igualmente cierto de los apóstoles del Nuevo Testamento, a quienes Jesús 'mandó' a predicar y enseñar, así como Dios había 'mandado' a los profetas a Israel con su mensaje. Y Jesús les prometió a sus apóstoles el mismo ministerio del Espíritu Santo que aquel del cual disfrutaron los profetas: 'Les enseñará todas las cosas … los guiará a toda la verdad' (Juan 14.26; 16.13).

Así como el Espíritu Santo es el autor primario de las Escrituras, es también su principal intérprete. De hecho, la historia de la iglesia es la historia de la forma en que el Espíritu Santo ha guiado a su pueblo (a pesar de algunos lamentables traspiés por parte de este) hacia una progresiva comprensión del sentido y la aplicación de la Biblia. Y si bien necesitamos de la ayuda mutua en la comunidad cristiana para estar protegidos de nuestras propias interpretaciones culturalmente limitadas y distorsionadas, también es cierto que tenemos el privilegio de leer la Biblia por cuenta propia. Esto es lo que la Reforma llamaba 'el derecho al juicio privado'.

Al mismo tiempo, es preciso que pidamos humildemente al Espíritu Santo que nos ilumine. De otra manera, nuestra lectura se convertirá en una rutina sin sentido. Esto lo sé por mi propia experiencia. Fui criado leyendo la Biblia cotidianamente, pero se trataba de una obligación que me resultaba tediosa y monótona. Después de haberle abierto la puerta a Cristo, sin embargo, la Biblia comenzó de inmediato a ser un libro nuevo para mí.

Desde luego, no es que a partir de allí entendiese todo. Pero me hablaba. Es decir, Dios me hablaba a través de ella. Por lo tanto, es bueno y necesario orar antes de leer, 'ábreme los ojos, para que contemple las maravillas de tu ley' (Salmo 119.18). ¿Alguna vez has intentado saber la hora mediante un reloj de sol en un día nublado? No se puede; es imposible. Todo lo que se puede ver son símbolos, sin mensaje alguno. Pero cuando sale el sol, y sus rayos llegan hasta el dial, entonces recibimos el mensaje. Es exactamente igual con las Escrituras y el Espíritu.

5. La comunión cristiana

Nuestra comprensión acerca del ministerio del Espíritu Santo es, con frecuencia, demasiado individualista. Incluso en este capítulo hasta ahora nos hemos concentrado en su obra relacionada con la conversión, la certidumbre, la santidad, y el entendimiento del cristiano. Pero ahora notamos que en el Credo de los Apóstoles decimos que 'creemos en el Espíritu Santo, la santa iglesia universal', porque el Espíritu Santo es el creador de la iglesia. No es exacto, hablando estrictamente, decir que la iglesia nació el día de Pentecostés, como afirman algunas personas, ya que la iglesia como pueblo de Dios ha existido por lo menos desde la época del pacto de Dios con Abraham, unos 2000 años antes de Cristo. Lo que aconteció en Pentecostés fue que el remanente del pueblo de Dios se convirtió en el cuerpo de Cristo, cuando fue lleno del Espíritu.

La iglesia de Cristo es esencialmente una comunión, una *koinōnia*, palabra que expresa lo que tenemos en común (*koinos*) como pueblo de Dios. En realidad, se trata esencialmente de la comunión del Espíritu, porque es nuestra común participación en él lo que nos une. Si él vive en ti y en mí, su presencia en nosotros nos ha hecho uno. Es posible que no nos hayamos encontrado nunca, ni que hayamos oído hablar el uno del otro, pero el Espíritu Santo nos ha unido. 'Hay un solo cuerpo y un solo Espíritu', escribió Pablo (Efesios 4.4). Podría haber dicho, 'hay un solo cuerpo *porque* hay un solo Espíritu', ya que es ese solo Espíritu el que crea y da vida a ese cuerpo único, el cuerpo de Cristo.

De modo que, en un sentido, la iglesia no está dividida y no puede estarlo. Incluso nuestras divisiones externas no la despedazan, porque ese solo Espíritu mora en ella. Los muelles de un puerto pueden dividirlo en secciones, de modo que los barcos se encuentren separados entre sí, pero el mismo mar va y viene por debajo. Nuestras denominaciones, que son una creación humana, también nos separan exteriormente y en forma visible, pero interiormente y de manera invisible nos une la marea del Espíritu. El Credo Niceno caracteriza a la iglesia como 'una, santa, católica, y apostólica', las cuatro 'marcas' o 'notas' clásicas de la iglesia. Y son verdaderas. La iglesia es una y santa porque el Espíritu Santo la ha unido y la ha santificado, apartándola para ser propiedad de Dios, aun cuando en la práctica a menudo se encuentre desunida y poco santa. La iglesia es también católica (porque abarca a todos los creyentes y toda la verdad) y apostólica (porque da a conocer la enseñanza de los apóstoles y se dedica a la misión), aun cuando en la práctica frecuentemente niegue la fe que debería profesar y la misión a la que debería entregarse.

> **Si el Espíritu vive en ti y en mí, su presencia en nosotros nos ha hecho uno.**

Al mismo tiempo, no debemos escudarnos en la afirmación de que la iglesia es 'una, santa, católica y apostólica' como excusa para consentir su desunión, su impureza, su sectarismo y su inactividad. Por el contrario, nuestra visión del ideal debería inspirarnos a procurar llegar a una aproximación cercana a la realidad de dicho ideal. Al procurarlo, también deberíamos recordar 'la comunión de los santos', aspecto que el credo menciona a continuación. Esto significa que la iglesia militante en la tierra y la iglesia triunfante en el cielo, aun cuando no puedan establecer comunicación activa entre ellas, siguen estando unidas por el Espíritu, especialmente cuando nuestra adoración se entrelaza con la de ella.

6. El servicio cristiano

El Espíritu Santo no sólo se ocupa de unir, sino también de 'edificar' o construir la iglesia. Con este propósito, proporciona a los miembros de la iglesia toda una diversidad de dones. Pablo explica esto describiendo a la iglesia como el cuerpo de Cristo. Así como el cuerpo humano es uno, escribe, pero tiene muchos miembros (extremidades y órganos), cada uno con una función diferente, así también el cuerpo de Cristo es uno aunque sus miembros han sido dotados de diferentes dones. Es importante distinguir entre el 'don' del Espíritu (es decir, el Espíritu Santo mismo quien nos ha sido dado) y los 'dones' del Espíritu (es decir, las aptitudes que otorga a los creyentes). El Espíritu nos es dado a todos y es este don el que confiere unidad a la iglesia; el Espíritu distribuye diferentes dones entre todos, lo cual aporta a la iglesia la diversidad necesaria.

Es frecuente que se hagan varias preguntas acerca de los dones del Espíritu o *jarismata*. Primero, ¿en qué consisten? Hay cuatro listas de ellos en el Nuevo Testamento: Romanos 12.3-8; 1 Corintios 12.4-11, 27-31; Efesios 4.7-13 y 1 Pedro 4.10–11. Los dones suman alrededor de veintiuno, pero estas listas están tan poco estructuradas que parecerían ser selectivas más que exhaustivas. Es probable que haya muchos otros dones que no se mencionan. Algunos son sobrenaturales (por ejemplo los milagrosos: 1 Corintios 12.10, 28), pero otros no lo son, e incluso son bastante terrenales (por ejemplo dones de administración: 1 Corintios 12.28; dar dinero o mostrar compasión: Romanos 12.8). Muchos parecerían ser habilidades naturales que se intensifican y cristianizan.

Segundo, ¿cuál es su propósito? Son dones de servicio. Cada una de las cuatro listas enfatiza que han sido dados para ser usados para el bien común, de modo que la iglesia sea edificada y alcance la madurez.

Tercero, ¿cuáles son los dones más importantes? Por cuanto han sido dados para la edificación de la iglesia, debemos evaluarlos según el grado en que cumplen dicha función. Siguiendo este criterio me parece que deberíamos recalcar los dones de enseñanza, porque nada hay que alimente más a la iglesia como la verdad. Cualesquiera sean nuestros dones (y se da a entender que cada miembro del cuerpo de Cristo tiene por lo menos uno), no debemos desvalorizar nuestro don y sentir celos por los de otros, tampoco despreciar los dones de otros creyentes, a la vez que jactarnos del nuestro (1 Corintios 12.14–26). Nos libraremos de estas actitudes necias (y especialmente de cualquier sobrevaloración de los dones más espectaculares) si estamos llenos del amor de Cristo, en comparación con lo cual todos los dones no valen nada (1 Corintios 13).

7. La misión cristiana

El mismo Espíritu Santo que santifica, une y edifica a la iglesia es también el que se ocupa de evangelizar al mundo. Porque esencialmente es un Espíritu misionero. Esto lo deja bien en claro la enseñanza de Jesús. Él prometió cierto día que 'ríos de agua viva' correrían de dentro de cada creyente, y Juan agregó que se refería al Espíritu Santo (Juan 7.38–39). William Temple comentó este versículo de la siguiente manera: 'Nadie puede poseer (o más bien ser morada de) el Espíritu de Dios, y a la vez guardarse ese Espíritu para sí mismo. Donde está el Espíritu, corre libremente; si no hay corriente alguna, es que él no está allí.'

Lo que Cristo enseñó en este versículo está abundantemente ilustrado en Hechos. Allí por primera vez vemos el derramamiento del Espíritu en el día de Pentecostés, y luego vemos que impulsa a su pueblo como testigo en círculos cada vez más amplios, comenzando en Jerusalén, la capital del mundo judío, y terminando en Roma, la capital del mundo conocido. 'El libro de Hechos es estrictamente un libro misionero', escribió aquel notable misionero Roland Allen. 'La conclusión es irresistible en el sentido de que el Espíritu que fue dado … era de hecho un Espíritu misionero.' Esta, sigue diciendo, es 'la gran enseñanza, fundamental e inequívoca, de este libro'. Y concluye que nosotros también 'debemos ser misioneros ... a menos que estemos dispuestos a negar al Espíritu Santo de Cristo tal como está revelado en Hechos.'[12]

Ahora bien, no creo que Roland Allen pensara que todos los cristianos tienen que ser misioneros transculturales en el sentido técnico y profesional, si bien es cierto que este es un llamado grande y honroso para algunos. Creo que quería decir que todos somos llamados a ser testigos de Jesucristo —en el hogar, en el trabajo, entre nuestras amistades y vecinos— y que para esta tarea el poder del Espíritu Santo resulta indispensable (Hechos 1.8). La iglesia local también ha de estar comprometida con la misión, tanto la misión local que procura alcanzar a los que viven cerca del templo como la misión global a la que apoya mediante oración y dinero.

Muchos cristianos eluden la responsabilidad del testimonio porque por naturaleza tendemos a ser tímidos y reservados. Pero el Espíritu Santo puede darnos coraje. Él capacitó a pescadores tímidos e incultos para que hablaran con valentía de Jesús (Hechos 4.13, 31). Pablo tuvo la misma experiencia. Si bien tenía un intelecto poderoso, dice la tradición que era pequeño y feo, y sus críticos lo menospreciaban por no destacarse ni como persona ni como orador (2 Corintios 10.10). Dijo de sí mismo que, cuando llegó a Corinto por primera vez, llegó 'con tanta debilidad que temblaba de miedo' (1 Corintios 2.3). En consecuencia, no confiaba en la elocuencia de sus discursos ni en la sabiduría humana, sino en la 'demostración del poder del Espíritu' (1 Corintios 2.4). Vale decir, el Espíritu Santo tomaba sus palabras, habladas con debilidad humana, y las hacía llegar con gran poder a la mente, el corazón, la conciencia y la voluntad de sus oyentes.

El peligro más grande en toda actividad evangelística es que confiemos en lo que no corresponde. ¿Queremos ser fieles testigos de Jesucristo? Entonces necesitamos contar con su poder. ¿Queremos contar con su poder? Entonces necesitamos contar con su Espíritu.

Quizá no haya necesidad más grande en la iglesia contemporánea que el que seamos llenos del Espíritu Santo (Efesios 5.18). Lo necesitamos no solamente para encaminarnos hacia la conversión y la certidumbre, para santificarnos, iluminarnos, unirnos y capacitarnos, sino también para llegar a través de nosotros con bendición a un mundo desorientado, como ríos de agua viva que irrigan el desierto.

Guía de estudio 6
Creemos en el Espíritu Santo

Elementos básicos

Preguntas

1. ¿Cómo le contestarías a un cristiano nuevo que dice, 'No entiendo el tema del Espíritu Santo'?

2. ¿En qué medida tienes conciencia de la obra del Espíritu Santo (a) en tu propia vida; (b) en tu iglesia? ¿Cómo podrías contribuir a fortalecer cualquier área débil?

Una promesa Para ayudar a otros: Juan 7.38–39.

Una oración Por una fe firme en la Trinidad: la oración número 8 en la página 226.

Elementos adicionales

Estudio bíblico Gálatas 5.16–26.

En grupo Todos deberían hacer una lista de los nombres de los demás miembros del grupo; luego, al lado de cada nombre, anotar una cualidad de la lista del 'fruto del Espíritu' (Gálatas 5.22–23) que puede verse claramente en esa persona. Por turno escuchen la cualidad que los demás ven que el Espíritu Santo está desarrollando en cada cual. Respondan con un simple 'Muchas gracias'. Luego, agradezcan silenciosamente a Dios por ir refinando nuestro carácter de maneras que otros pueden ver, aun cuando nosotros mismos no seamos conscientes de ello.

Aplicación   Expresa tu alabanza a Dios por su Espíritu Santo en cualquier forma que te sea significativa. Tal vez escribir una oración o una poesía; dibujar algo; cantar o componer una canción…

Comprobación   ¿Le pides a Dios que te llene de su Espíritu todos los días?

Lecturas adicionales sugeridas

Cuando el Espíritu Santo llega con poder, John White, Certeza Argentina.

El Espíritu Santo, Billy Graham, Casa Bautista de Publicaciones.

El fruto del Espíritu, Benjamin Bravo, Puma.

'Los dones del Espíritu en la comunidad', en *Renovación de la iglesia: Comunidad y compromiso*, Juan Driver, Certeza Argentina y CLARA.

Manual para ministrar en el Espíritu: Ven Espíritu Santo, David Pytches, Certeza Argentina.

Señales de una iglesia viva, John Stott, Certeza Argentina.

Parte III
La vida del cristiano

No lleva más que unos minutos hacerse miembro de una iglesia (ya sea por bautismo o testimonio público, o de alguna otra forma). Pero lo que esto supone debería llevar toda una vida, y tiene que tener su aplicación en la casa, en el trabajo y en la comunidad.

7
Compromisos morales

Al pasar de lo que creemos los cristianos a la vida del cristiano, y en este capítulo a los compromisos morales que Cristo espera de sus seguidores, de inmediato tomamos conciencia de un conflicto entre la senda de él y la senda que sigue el mundo. Nuestra sociedad ha redefinido y relativizado el bien y el mal. Sea que pensemos en la ética comercial, en el respeto al carácter sagrado de la vida humana, en el sexo, el hogar y la familia, o en el consumismo, vemos que las fronteras de lo que es aceptable son ampliadas constantemente. Como puede verse en Occidente, una vez que se abandona la fe cristiana, la ética cristiana no puede sobrevivir.

El llamado de Dios a su pueblo en todas las épocas es el de ser radicalmente diferente de la cultura reinante en cuanto a sus valores, normas y estilo de vida. 'No imitarán ustedes las costumbres de Egipto, donde antes habitaban', le pidió Dios a Moisés que le dijese al pueblo de Israel, 'ni tampoco las de Canaán, adonde los llevo. No se conducirán según sus estatutos, sino que pondrán en práctica mis preceptos y observarán atentamente mis leyes. Yo soy el Señor su Dios' (Levítico 18.3–4). El equivalente neotestamentario de estas instrucciones son las palabras de Jesús a sus seguidores en el Sermón del Monte. Vivían rodeados tanto de gente religiosa (los fariseos) como de gente nada religiosa (los paganos); pero no debían copiar las costumbres de ninguna de ellas. 'No sean como ellos', les dijo Jesús (Mateo 6.8). En cambio, debían seguir la enseñanza y el ejemplo que él daba.

Los Diez Mandamientos

La síntesis de las normas reveladas por Dios a su pueblo la constituían los Diez Mandamientos. Estos siguen vigentes. Aun cuando la ley ceremonial del Antiguo Testamento ha caducado (sus sacrificios, sus reglas alimenticias, etc.), y su ley civil no es necesariamente apropiada para nuestros países en la actualidad, no obstante su ley moral subsiste. No se trata simplemente de la ley de Moisés, sino de la ley de Dios. Lo que Jesús hizo en el Sermón del Monte no fue derogar la ley moral, sino interpretarla. En las seis afirmaciones antitéticas ('Ustedes han oído que se dijo … Pero yo les digo …'), a lo que Jesús se oponía no era la ley de Moisés sino a las distorsiones de la misma que hacían los escribas, que procuraban hacerlas más fáciles de obedecer. Jesús, en cambio, destacó las consecuencias radicales de la ley divina.

'Pero', protesta alguien, '¿acaso no escribió Pablo que ya no estamos bajo la ley? ¿Acaso no quiso decir que la ley ha sido abolida para los cristianos?' La respuesta a la primera pregunta es 'sí', y a la segunda 'no'. Es muy importante entender a Pablo correctamente. Él quiso decir (1) que 'no [estamos] bajo la ley' para la justificación, sino más bien 'bajo la gracia' (Romanos 6.14–15); es decir, Dios nos acepta debido a su misericordia y no a nuestros méritos, y (2) que 'no [estamos] bajo la ley' para la santificación, sino que somos '[guiados por] el Espíritu' (Gálatas 5.18), en el sentido de que Dios nos hace santos por el poder de su Espíritu, que mora en nosotros, y no por nuestros propios esfuerzos. Pero seguimos estando bajo 'la ley de Cristo' (1 Corintios 9.21) en el sentido de que estamos obligados a obedecerla. Más aun, Dios envió a su Hijo a morir por nosotros 'a fin de que las justas demandas de la ley se cumplieran en nosotros' (Romanos 8.3–4), y Dios instala al Espíritu en nosotros con el fin de escribir su ley en nuestro corazón (2 Corintios 3.3). Este es el cumplimiento de la extraordinaria promesa de Dios en el Antiguo Testamento respecto a la llegada del Mesías. La expresó diciendo tanto 'infundiré mi Espíritu en ustedes' (Ezequiel 36.27) como 'pondré mi ley en su mente, y la escribiré en su corazón' (Jeremías 31.33).

Esta íntima relación entre el Espíritu de Dios y la ley de Dios es sumamente importante. Al meditar en su ley en este capítulo, sus normas parecerán intimidantes, e incluso inalcanzables, mientras no recordemos que paralelamente nos ofrece su Espíritu. La verdad es que el hecho de que el Espíritu Santo vive en nosotros nos permite (1) *conocer* la ley de Dios, de manera que vayamos aumentando nuestra comprensión de lo que significa para el día de hoy, (2) *amar* la ley de Dios, de manera que ya no la veamos como una carga sino como un deleite ('¡Cuánto amo yo tu ley!' Salmo 119.97), y (3) *obedecer* la ley de Dios, de manera que, liberados de la esclavitud al pecado, encontremos en la obediencia la verdadera libertad. Dios no hace exigencias sin al mismo tiempo proveer lo necesario para que podamos cumplirlas.

Jesús resumió la ley moral en términos de *amor*. Reunió el mandamiento de amar a Dios con todo nuestro ser (Deuteronomio 6.5) con el de amar a nuestro prójimo como a nosotros mismos (Levítico 19.18), algo que nadie había hecho antes, y agregó que 'no hay otro mandamiento más importante que estos', por cuanto 'de estos dos mandamientos dependen toda la ley y los profetas' (ver Marcos 12.31; Mateo 22.37–40). Por lo tanto, tenemos que aprender a entender y aplicar los mandamientos de Dios a la luz de los requerimientos del amor. El solo principio del amor, con su carácter positivo y abarcador, comprende y aun supera los numerosos preceptos específicos y negativos de la ley. Más aun, el amor que Jesús tenía en mente no era sentimental ni egoísta, sino fuerte y sacrificado. Lo que nosotros llamamos amor es generalmente *erōs*, el deseo de obte-

> **El llamado de Dios a su pueblo en todas las épocas es el de ser radicalmente diferente de la cultura reinante en sus valores, normas y estilo de vida.**

ner y poseer, en tanto que el amor de Dios es *agapē*, el deseo de dar y darnos. Amar es sacrificarse cumpliendo servicios para otros; y donde no hay sacrificio ni servicio no hay amor. Amar a Dios es dejarse absorber por su voluntad y su gloria; amar a otros es enfrascarse en su bienestar.

El amor a Dios

Los primeros cinco mandamientos establecen nuestros deberes para con Dios (véanse Éxodo 20.1–12; Deuteronomio 5.1–16).

1. Yo soy el Señor tu Dios. Yo te saqué de Egipto, del país donde eras esclavo. No tendrás otros dioses además de mí.

Esta introducción a los Diez Mandamientos es una declaración de Dios: 'Yo soy el Señor tu Dios. Yo te saqué de Egipto, del país donde eras esclavo' (Éxodo 20.2). El primer mandamiento aparece a continuación en forma natural. Dado que Dios redimió a Israel, rescatándolo de la esclavitud y haciéndolo suyo por medio del pacto concertado con él en Sinaí (Éxodo 19.3–6), se le prohíbe adorar a otros dioses y se le exige que sólo adore a Dios. Dios exige culto exclusivo hacia su persona no sólo porque él es *nuestro* Dios por la redención y el pacto, sino porque él es el *único* Dios. 'Yo soy el Señor, y no hay ningún otro', siguió repitiendo Dios posteriormente por medio de Isaías (Isaías 45.6, 18, 22), y 'no entrego a otros mi gloria' (Isaías 42.8). Dicen algunos que Israel no alcanzó esta fe monoteísta hasta que Isaías se la enseñó en el siglo VIII a.C. Pero no cabe duda de que ella está implícita en el primer mandamiento. Prohibir a Israel que tuviese otros dioses 'además' de Yahvéh (como generalmente se escribe hoy en día la palabra hebrea 'Jehová') es equivalente a decir que no hay otros dioses, porque si los hubiera, tendrían que ser adorados. La base para adorar a Yahvéh en forma exclusiva es la de que sólo él es Dios.

Además, el culto que Dios exige no es simplemente que digamos oraciones y cantemos himnos en la iglesia. Estas cosas no le resultan agradables a Dios en sí mismas, sino solamente si lo que expresamos con palabras durante una hora en la iglesia es una representación del homenaje continuo y completo de lo que alberga nuestro corazón. Somos llamados a poner a Dios primero, siempre y en todo. En el libro de Apocalipsis se nos ofrece un vistazo del cielo. La visión del trono de Dios ocupa el lugar central, que es el símbolo de su dominio soberano, y todo lo demás aparece relacionado con esto (Apocalipsis 4–7). Somos llamados a anticipar en la tierra la vida celestial centrada en Dios. Este es el significado de la 'santidad' a la que apunta el compromiso moral en la vida cristiana.

2. No te hagas ningún ídolo, ni nada que guarde semejanza con lo que hay arriba en el cielo, ni con lo que hay abajo en la tierra, ni con lo que hay en las aguas debajo de la tierra... Yo, el Señor tu Dios, soy un Dios celoso. Cuando los padres son malvados y me odian, yo castigo a sus hijos hasta la tercera y cuarta generación. Por el contrario, cuando me aman y cumplen mis mandamientos, les muestro mi amor por mil generaciones.

El primer mandamiento exige que el culto a Dios sea exclusivo, y el segundo exige que sea tanto verdadero como espiritual (la idolatría nunca lo es). Es muy posible que Jesús estuviese aludiendo a esto cuando dijo: 'Se acerca la hora, y ha llegado ya, en que los verdaderos adoradores rendirán culto al Padre en espíritu y en verdad, porque así quiere el Padre que sean los que le adoren. Dios es espíritu, y quienes lo adoran deben hacerlo en espíritu y en verdad' (Juan 4.23–24).

Primero, en lugar de adorar a Dios 'en verdad' (alabándole por ser quien es, de acuerdo con su propia revelación de sí mismo), los idólatras tienen una idea falsa de él, porque hacen el necio intento de representar al Creador en la forma de alguna de sus propias criaturas (ver Hechos 17.24–31; Romanos 1.21–25). Las imágenes idolátricas son mentales antes de ser materiales, y todo concepto falso e indigno de Dios es un ídolo.

Segundo, en lugar de adorar a Dios 'en espíritu' (reconociendo que él mismo es espíritu y quiere que la adoración sea espiritual), los idólatras se preocupan por los objetos externos, visibles y tangibles. Incluso el culto de Israel tendía a deformarse hasta convertirse en rito hueco y aun hipócrita. Los profetas de los siglos VII y VIII eran mordaces y punzantes en su denuncia de la religión hueca de Israel. Más tarde, Jesús aplicó la misma crítica a los fariseos: "Tenía razón Isaías cuando profetizó acerca de ustedes, hipócritas, según está escrito: 'Este pueblo me honra con los labios, pero su corazón está lejos de mí'" (Marcos 7.6; Isaías 29.13). De modo que cualquier forma externa que empleemos en el culto cristiano (liturgias, dramatizaciones, arrodillarnos o levantar los brazos), es preciso verificar que no merezcan la acusación de idolatría sino que superen la doble prueba de ser 'en espíritu y en verdad'.

Todo concepto falso e indigno de Dios es un ídolo.

En el segundo mandamiento Dios pasa a describirse como 'un Dios celoso'. Esto no debe perturbarnos. Los celos evidencian resentimiento entre rivales, y el que esto sea bueno o malo depende de si el rival tiene algún derecho a estar allí. Teniendo en cuenta que Dios es único, y que no hay otro, tiene derecho a pedir que sólo le adoremos a él.

También hace falta un comentario sobre la representación de Dios como el que 'castiga a los hijos por el pecado de los padres' durante varias generaciones. Esto se aclara posteriormente en la Biblia cuando dice que Dios hace responsable a cada persona de sus propios pecados (por ejemplo Ezequiel 18.1–4). A pesar de esto, hay verdad permanente y solemne en lo que dice el mandamiento. Debido a la naturaleza social del mal, el juicio de Dios no puede limitarse a quienes lo practican. Con frecuencia, los niños sufren las consecuencias de los pecados de sus padres. Estas pueden transmitirse físicamente (por enfermedades hereditarias), socialmente (por la pobreza ocasionada por la ebriedad o el juego), psicológicamente (por las tensiones y conflictos en un hogar desdichado), y moralmente (por hábitos aprendidos como consecuencia de un mal ejemplo).

3. No pronuncies el nombre del Señor tu Dios a la ligera. Yo, el Señor, no tendré por inocente a quien se atreva a pronunciar mi nombre a la ligera.

Hay varias maneras de pronunciar el nombre de Dios 'a la ligera' y quebrantar este mandamiento.

El primero y el más obvio se relaciona con el uso de lenguaje impropio. El 'nombre' de Dios puede referirse a las palabras por medio de las cuales se ha dado a conocer ('Señor', 'Dios', 'Todopoderoso', 'Cristo', 'Jesús', etc.), y 'tomar en vano' su nombre, como lo expresa *Reina-Valera* 1995, incluye el uso de cualquiera de ellos como insulto. Tal vez no se lo usa con intenciones blasfemas, pero aun usar el nombre de Dios para jurar es un síntoma evidente de falta de respeto hacia él, y es incompatible con su adoración. Sería bueno examinar de tanto en tanto nuestro vocabulario y, si es necesario, modificarlo.

Segundo, el nombre de Dios puede usarse mal cuando hacemos promesas o juramentos. Jurar por algo usando la frase 'por Dios', y luego no cumplir la promesa, es 'jurar en vano'; evidencia una seria falta de consideración hacia el nombre de Dios. Los contemporáneos de Jesús pensaban que era suficiente encontrar la fórmula correcta. Al parecer sostenían que, si bien se deben cumplir los juramentos hechos con el nombre de Dios, no importaba demasiado si juraban 'por el cielo' o 'por la tierra', o por alguna otra cosa. Jesús rechazó esta distinción, señalando que el cielo es el trono de Dios y la tierra su estrado, de manera que aun estas expresiones contenían una referencia implícita a Dios. Más todavía, aconsejó a sus seguidores a no jurar en absoluto. Los juramentos no son necesarios para las personas honestas que son conocidas por cumplir sus promesas. Un simple 'sí' o 'no' es suficiente (Mateo 5.33–37).

En tercer lugar, el nombre de Dios es más que una mera palabra; es él mismo, tal como él ha sido revelado. Usamos mal su nombre, por consiguiente, cuando nuestra conducta deshonra a la persona que ese nombre representa. Si amamos a Dios, hemos de querer 'honrar' su nombre viviendo de un modo que sea consecuente con él; lo usamos mal cuando con nuestra conducta lo contradecimos.

4. Acuérdate del sábado, para consagrarlo. Trabaja seis días, y haz en ellos todo lo que tengas que hacer, pero el día séptimo será un día de reposo para honrar al Señor tu Dios. No hagas en ese día ningún trabajo, ni tampoco tu hijo, ni tu hija, ni tu esclavo, ni tu esclava, ni tus animales, ni tampoco los extranjeros que vivan en tus ciudades. Acuérdate de que en seis días hizo el Señor los cielos y la tierra, el mar y todo lo que en ellos hay, y que descansó el séptimo día. Por eso el Señor bendijo y consagró el día de reposo.

El esquema de seis días de trabajo y un día de descanso retrocede hasta el comienzo mismo de la creación (Génesis 2.2–3). De allí el mandamiento 'acuérdate' del sábado. Dios nos hizo de tal modo que necesitamos observar este ritmo. Los intentos de cambiar la ley de Dios y alargar la semana de trabajo a nueve o diez días (por ejemplo en las revoluciones francesas del siglo XVIII y las revoluciones rusas del XX) no dieron resultado. Por supuesto que los cristianos no pueden obligar a la gente a ir a la iglesia, y no querrían valerse de la legislación para este fin. Pero nos interesa que la ley proteja a la gente ante la posibilidad de ser obligada a trabajar los domingos (por ejemplo para los espectáculos deportivos y para mantener abiertos los negocios comerciales).

Dios destinó un día para el culto además del descanso. Es un día 'consagrado' al Señor o, en términos cristianos, 'el día del Señor'. Con seguridad que los creyentes han de querer aprovechar lo más plenamente posible esta provisión divina. Nuestros domingos son medios de gracia grandemente desaprovechados. Deberíamos usar sus horas en forma sabia y provechosa, para ir a la iglesia y confraternizar con otros cristianos, para realizar una sesión adicional de estudio bíblico, para hacer alguna lectura de literatura cristiana, para dedicar tiempo a la familia, visitar algún pariente anciano o discapacitado, y para algún tipo de servicio cristiano (enseñar en la Escuela Dominical, por ejemplo, o dedicarnos a la descuidada bendición de escribir cartas).

Los escribas y los fariseos arruinaron la buena ley de Dios cargándola innecesariamente con disposiciones detalladas, con el fin de especificar minuciosamente lo que estaba permitido y lo que estaba prohibido el sábado. Jesús deliberadamente quebrantaba estas disposiciones, porque pertenecían a la tradición humana, no a las Escrituras. Por ejemplo, alentó a sus discípulos a cortar y comer espigas de trigo cuando tenían hambre, cosa que los escribas decían que era equivalente a cosechar, lo cual estaba prohibido en sábado. Jesús declaró que 'el sábado se hizo para el hombre, y no el hombre para el sábado' (Marcos 2.23–28). Jesús no adhería a la prohibición absoluta de toda actividad en sábado. Por cierto que aceptaba el principio bíblico de un día de descanso y culto de adoración por semana, y también deberíamos aceptarlo nosotros. Pero aclaró que ciertas clases de trabajo podían y debían realizarse en sábado, sin quebrantar el principio; por ejemplo, tareas relacionadas con lo religioso (los sacerdotes en el templo, Mateo 12.5), obras de misericordia (sanar a los enfermos, Mateo 12.9–10), y otras tareas imprescindibles (como la de sacar una oveja caída en un pozo, Mateo 12.11). Es legítimo aplicar esta enseñanza a las actividades de los clérigos, médicos y granjeros en nuestros días.

¿Cuál de los días de la semana deberíamos observar, entonces, como el día de descanso y adoración? El sábado era el día séptimo, y los Adventistas del Séptimo Día todavía insisten en guardar dicho día. Son personas excelentes (he conocido a muchos de ellos en diferentes países), pero yo, por mi parte, creo que la importancia del cuarto mandamiento radica en el ritmo de uno en seis, no en la identidad del día. El cambio al primer día de la semana se hizo para conmemorar la resurrección de Jesús (Juan 20.19, 26), y hay indicaciones de que dicho día se adoptó como el día para el culto (por ejemplo Hechos 20.7; 1 Corintios 16.1–2).

5. Honra a tu padre y a tu madre, para que disfrutes de una larga vida en la tierra que te da el Señor tu Dios.

Algunos comentaristas sugieren que, mientras que los primeros cuatro mandamientos se relacionan con nuestros deberes para con Dios, y se refieren a su persona, a su adoración, a su nombre y a su día, el quinto mandamiento tiene que ver con nuestra responsabilidad hacia el prójimo, ya que habla de honrar a nuestros padres. A mí me parece más apropiado, sin embargo, considerarlo como relacionado con nuestra responsabilidad hacia Dios. En parte, porque así se atribuyen cinco mandamientos a cada obligación; pero fundamentalmente porque nuestros padres, por lo menos mientras somos menores de edad, ocupan el lugar de Dios y hacen de mediadores de su autoridad. Por cierto que Pablo entiende que honrar a los padres requiere 'obediencia', y sostiene que esto es correcto y que le resulta agradable a Cristo.[13] Al mismo tiempo agrega que, si los hijos tienen deberes para con sus padres, los padres también tienen deberes para con sus hijos. No deben '[hacer] enojar' ni 'exasperar' a sus hijos, sino más bien '[criarlos] según la disciplina e instrucción del Señor' (Efesios 6.4; Colosenses 3.21). El carácter recíproco de estas responsabilidades pone un límite claro al comportamiento de los padres.

El alcance de este mandamiento va más allá de nuestros padres y se extiende a los llamados 'mayores', incluidos nuestros maestros, pastores y empleadores, y otros que tienen autoridad sobre nosotros. Si bien esta enseñanza no está de moda actualmente, ni mucho menos, la Biblia es clara en cuanto a que Dios ama el orden, no la anarquía, y que él ha establecido ciertas estructuras jerárquicas (especialmente la familia y el estado) que espera que su pueblo reconozca. Al mismo tiempo, cuando Dios delega su autoridad a los seres humanos y las instituciones, estos no pueden usarla para justificar la tiranía. Jamás es absoluta la autoridad. En consecuencia, si una persona o estructura se abusan de la autoridad que les ha concedido Dios, nuestro deber consiste en negarnos a obedecer, no someternos. Como lo expresaron los apóstoles: '¡Es necesario obedecer a Dios antes que a los hombres!' (Hechos 5.29).

Algunos se ofenden por las palabras de Jesús de que a menos que 'aborrezcamos' a nuestros padres y otros parientes, no podemos ser discípulos suyos (Lucas 14.26). Este es un buen ejemplo tanto de la forma dramática en que Jesús enseñaba, como de la costumbre hebrea de expresar una comparación mediante un contraste. Desde luego que no debemos interpretar sus palabras literalmente. ¿Cómo podría pedirnos en un momento que amemos a nuestros enemigos y al siguiente que aborrezcamos a nuestros padres? La clave se encuentra en el pasaje paralelo del Evangelio de Mateo, donde Jesús afirma que el que ama a sus padres más que a él mismo (Jesús) no es digno de él (Mateo 10.37).

A medida que aumenta la expectativa de vida en algunos lugares del mundo, y que la edad promedio de la población aumenta proporcionalmente, también tiende a haber un número creciente de ancianos y enfermos que son descuidados, e incluso olvidados, por sus propios hijos. Se trata de un fenómeno escandaloso, limitado a Occidente. En África y Asia la familia extendida siempre encuentra lugar para los ancianos. Creo que Pablo debería tener la última palabra sobre este tema: 'El que no provee para los suyos, y sobre todo para los de su propia casa, ha negado la fe y es peor que un incrédulo' (1 Timoteo 5.8).

El amor al prójimo

La responsabilidad para con nuestro prójimo se sintetiza en forma negativa como 'no herir a nadie con palabras o hechos', por cuanto 'el amor no perjudica al prójimo' (Romanos 13.10). En la 'regla de oro' que nos dio Jesús aparece en forma positiva: 'En todo traten ustedes a los demás tal y como quieren que ellos los traten a ustedes' (Mateo 7.12). Por lo tanto, si realmente amamos a la gente respetaremos sus derechos, anhelaremos su bien, y nos ocuparemos de su mayor bienestar. Los cinco mandamientos restantes enumeran cinco ofensas contra el amor.

6. No mates.

Esta traducción, como también la de *Reina-Valera*, 'no matarás', es entendida por algunos como una prohibición absoluta de quitar la vida a un ser vivo, incluidos los animales. Pero este punto de vista no puede sostenerse, porque la misma ley contenía un complejo sistema de sacrificios que requería que se mataran y ofrecieran animales en sacrificio. Otros la explican como una prohibición absoluta de quitar la vida a un ser humano, y sobre esta base se constituyen en abolicionistas (de la pena capital) y pacifistas. Esta interpretación del sexto mandamiento es incompatible con el resto de la ley, ya que esta contenía estipulaciones para la pena capital en casos extremos y también autorizó la 'guerra santa' contra los cananeos. (Con todo, algunos cristianos sostienen el pacifismo y se oponen a la pena capital sobre otros fundamentos bíblicos.) Hay versiones que, acertadamente, traducen el mandamiento 'no cometerás asesinato'. Lo que prohíbe es quitar la vida humana sin autorización. Uno de los peores pecados, que se condena repetidamente en el Antiguo Testamento, era 'el derramamiento de sangre inocente'. Porque las Escrituras insistían en la santidad, no tanto de la vida en general, sino de la vida humana, porque la vida de los seres humanos es la que fue hecha a imagen de Dios. Por ello, asesinar es una ofensa contra Dios el Creador, como también contra una de sus criaturas especiales. Jesús fue más lejos y aplicó la prohibición no sólo a los hechos sino también a nuestras palabras e, incluso, a nuestros pensamientos. Es posible cometer un asesinato, pensaba Jesús, con la ira injustificada y el insulto (Mateo 5.21–22). Esta es la elevada norma moral del reino de Dios.

El carácter sagrado de la vida humana constituyó la base sobre la cual se sancionó la pena capital en el Antiguo Testamento. 'Si alguien derrama la sangre de un ser humano, otro ser humano derramará la suya, porque el ser humano ha sido creado a imagen de Dios mismo' (Génesis 9.6). La pena capital, según la Biblia, lejos de menospreciar la vida humana (al requerir la muerte del asesino), demuestra su valor único (al exigir algo exactamente igual a la muerte de la víctima). Esto no quiere decir que la pena capital se ha de instrumentar en todos los casos de asesinato, porque Dios mismo protegió al primer asesino, Caín, para que no la sufriera (Génesis 4.13–15). Personalmente creo que el estado debería retener para sí la autoridad para quitar la vida o '[llevar] la espada' (Romanos 13.4), como testigo de lo que merecen los asesinos, pero que en muchos casos (incluso la mayoría), cuando hay circunstancias mitigantes, la sentencia debería ser conmutada por la prisión perpetua.

El mismo principio, tocante al carácter sagrado de la vida humana, está en juego en situaciones en las que está amenazado el embrión humano. Dado que el embrión es cuando menos un ser humano en potencia, en términos generales su vida ha de ser inviolable. La opinión cristiana general es 'pro-vida' más que 'pro-elección'. Considera el aborto como una forma de asesinato, excepto en muy pocas circunstancias cuidadosamente definidas, y cree que la experimentación con embriones humanos debería ser prohibida por ley.

La guerra es otro asunto que se relaciona con la cuestión de la vida humana. A lo largo de los siglos de la era cristiana las opiniones se han dividido entre pacifistas (los que creen que la enseñanza y el ejemplo de Jesús prohíben toda resistencia violenta al mal) y los defensores de la teoría de 'la guerra justa' (los que creen que la guerra puede ser aceptable como el menor de dos males si se cumplen varias condiciones). Justifican la guerra como último recurso solamente, y no creen que el uso de armas de destrucción indiscriminada (nucleares, químicas, o bacterianas) pueda justificarse en ningún caso.

7. No cometas adulterio.

Los cristianos creen que el sexo es un buen don dado por un buen Creador. Creemos que desde el principio 'Dios creó al ser humano a su imagen, … hombre y mujer' (Génesis 1.27), que la sexualidad distintiva (la masculinidad y la femineidad) es, por consiguiente, creación suya, y que él instituyó el matrimonio (fue idea de él, no nuestra) para la mutua satisfacción de las partes, como también para la procreación de hijos. La definición divina del matrimonio es que 'el hombre deja a su padre y a su madre, y se une a su mujer, y los dos se funden en un solo ser' (Génesis 2.24). En otras palabras, el matrimonio es una unión monogámica y heterosexual, iniciada mediante un acto público de dejar a los padres y consumar la unión sexual.

Marido y mujer, en su amor mutuo, han de reflejar las relaciones entre Cristo y su iglesia.

Jesús mismo avaló los dos textos de Génesis que acabo de citar, y afirmó: 'Por tanto, lo que Dios ha unido, que no lo separe el hombre' (Marcos 10.6–9). Luego Pablo agregó el hermoso concepto de que marido y mujer, en su amor mutuo, han de reflejar las relaciones entre Cristo y su iglesia (Efesios 5.21–33).

Las prohibiciones cobran sentido una vez que se presenta este cuadro amplio y positivo. Es precisamente porque Dios ha instituido el matrimonio como el contexto adecuado para el disfrute sexual que lo prohíbe en cualquier otro contexto. Se condena explícitamente el adulterio porque, al ser una relación sexual entre una persona casada y alguien que no es su esposo o esposa, constituye el ataque más directo al matrimonio, ya que, probablemente mediante engaño, le niega a la otra parte la fidelidad originalmente prometida y entorpece el desarrollo adecuado de los hijos. Pero otras formas de inmoralidad sexual están incluidas implícitamente porque ellas también socavan el matrimonio. La fornicación, o sea el sexo entre personas no casadas, y que incluye a los que viven juntos antes del casamiento, es un intento de experimentar amor sin el compromiso correspondiente. Puede, además, volverse cruel al despertar en una de las partes deseos de alcanzar una relación duradera, que la otra parte no está dispuesta a cumplir. Finalmente, una pareja homosexual ha de ser considerada por los cristianos (y debería ser considerada por todos) no como una alternativa legítima al matrimonio heterosexual, como sostiene la comunidad *gay*, sino como algo incompatible con el orden natural creado por Dios. La única experiencia del 'solo ser' o la 'sola carne' autorizada por Dios es la que se da en la monogamia heterosexual.

Es con el propósito de defender las bendiciones positivas del propósito divino para el matrimonio que los cristianos adoptan una actitud negativa hacia cualquier otra relación que intente competir con él u oponerse a él.

Algo más: los cristianos se niegan a aceptar que los impulsos sexuales sean demasiado fuertes para ser controlados. Aceptar esto sería rebajar a los seres humanos al nivel de los animales. Forma parte de nuestro testimonio cristiano insistir en que cuando somos tentados, por insistentemente que sea, Dios siempre proporciona 'una salida', de manera que '[podamos] resistir' (1 Corintios 10.13), que controlar los deseos sexuales es posible, que debemos '[huir] de la inmoralidad sexual', que nuestro cuerpo es el templo del Espíritu Santo que mora en nosotros, que ya no nos pertenecemos a nosotros mismos, porque hemos sido comprados por un precio, y que por lo tanto debemos honrar a Dios con nuestro cuerpo (1 Corintios 6.18–20).

8. No robes.

La prohibición de robar presupone el derecho a tener propiedad privada y a lograr su protección. Una sociedad organizada y segura depende del reconocimiento de una clara distinción entre lo que es mío y lo que es tuyo. Cuando esa distinción se vuelve borrosa el resultado es antisocial. Por supuesto que esto no significa que tenemos derechos absolutos sobre nuestras posesiones. Por una parte, las tenemos en mayordomía otorgada por Dios, y, por otra, se nos invita a compartirlas con los necesitados. Pero esta norma significa que debemos reconocer los derechos de propiedad de los demás y no intentar pisotearlos.

Este mandamiento tiene una aplicación más amplia que el solo hecho de robar los bienes de otra persona. Abarca toda clase de deshonestidad, de engaño, de intriga, de cobro de precios excesivos, de transacciones dudosas, de trabajar horas insuficientes, de evadir impuestos y de eludir gastos aduaneros. Los cristianos deberían hacerse conocer por su honestidad en palabras y hechos, para que se pueda confiar plenamente en ellos.

Si somos culpables de un robo, desde luego que debemos devolver o pagar lo que hemos llevado. Sin embargo, en el Antiguo Testamento la restitución era más que simplemente pagar. Por ejemplo, 'si alguien roba un toro o una oveja, … deberá devolver cinco cabezas de ganado por el toro, y cuatro ovejas por la oveja' (Éxodo 22.1; ver Números 5.7). Zaqueo, el cobrador de impuestos fraudulento, probablemente tenía en mente este tipo de legislación cuando se convirtió. Le dijo a Jesús públicamente: 'Mira, Señor: Ahora mismo voy a dar a los pobres la mitad de mis bienes, y si en algo he defraudado a alguien, le devolveré cuatro veces la cantidad que sea' (Lucas 19.8).

Prohibir el robo es, además, alentar a la gente a ganarse el pan, de modo que esté en condiciones de sostenerse ella misma y su familia, y también de compartir con los pobres. Pablo da a un converso que antes había sido deshonesto las notables instrucciones que siguen: 'El que robaba, que no robe más, sino que trabaje honradamente con las manos para tener qué compartir con los necesitados' (Efesios 4.28). De ladrón a trabajador y enseguida a benefactor: ¡Sólo el evangelio puede lograr semejante transformación!

9. No des falso testimonio en contra de tu prójimo.

Los mandamientos 6, 7, y 8 están destinados a proteger la vida de las personas (contra el asesino), el hogar y la familia (contra el adúltero o la adúltera), y la propiedad (contra el ladrón), mientras que el noveno mandamiento protege la reputación de las personas (contra el falso testigo). El buen nombre es la posesión más valiosa; en efecto, 'vale más … que las muchas riquezas, y más que oro y plata' (Proverbios 22.1). Quitárselo a alguien es una especie de robo; destruirlo es una especie de asesinato.

El primer contexto al que pertenece este mandamiento es el tribunal de justicia. Mientras el juez y el jurado escuchan la acusación y la defensa, el destino de la persona acusada está en manos, fundamentalmente, de los testigos; estos dan testimonio bajo juramento, y luego se someten a las preguntas y las repreguntas. El perjurio es una ofensa extremadamente infame. Pero no es desconocido. Jesús no es el único detenido que ha sufrido a manos de testigos falsos. El falso testimonio puede ocurrir, también, en el contexto del hogar, en los lugares de trabajo, o en la comunidad más amplia, en forma de calumnia o chismes maliciosos.

La prohibición del falso testimonio implica la responsabilidad de ser un testigo veraz. La verdad debe importar a todos los seguidores de Jesucristo, porque él afirmó que él mismo era la verdad, y agregó que había venido a dar testimonio de la verdad. Las mentiras y las evasivas deben ser abominables para todo cristiano. Nuestra palabra debe ser conocida como una palabra confiable, y por sobre todo debemos dar testimonio de Jesucristo en forma valiente.

Tanto los falsos testigos como los veraces dependen de su lengua. Por lo tanto, este mandamiento nos recuerda acerca del inmenso poder de la lengua de los seres humanos, para bien o para mal. Se trata de 'un miembro muy pequeño del cuerpo, pero hace alarde de grandes hazañas', y tiene una enorme influencia (Santiago 3.1–6). Es tan indomable que, si bien los seres humanos han logrado domar 'toda clase de fieras, de aves, de reptiles y de bestias marinas', no obstante 'nadie puede domar la lengua. Es un mal irrefrenable, lleno de veneno mortal' (Santiago 3.7–8). Al mismo tiempo, el apóstol Santiago, que escribe esto, también ha afirmado antes que 'si alguien se cree religioso pero no le pone freno a su lengua, se engaña a sí mismo, y su religión no sirve para nada' (Santiago 1.26). ¡De modo que controlar la lengua es imposible! Sería sabio de nuestra parte repetir constantemente la oración del salmista: 'Señor, ponme en la boca un centinela; un guardia a la puerta de mis labios' (Salmo 141.3).

10. No codicies la casa de tu prójimo: No codicies su esposa, ni su esclavo, ni su esclava, ni su buey, ni su burro, ni nada que le pertenezca.

El último mandamiento resulta particularmente importante porque convierte el decálogo en una ley moral, y pasa de una preocupación por la conducta externa a una preocupación por la santidad interior. No podemos ser procesados en la justicia por codicia, por cuanto la codicia no es un acto sino una actitud del corazón. La codicia es al robo lo que la ira es al asesinato, y la lujuria al adulterio. Es la disposición interior que posteriormente puede expresarse como una acción pecaminosa, e incluso criminal. Pablo reconocía la influencia que este mandamiento había tenido sobre él antes de su conversión. Jamás habría sabido lo que era el pecado, escribió, si no hubiese sido por el mandamiento 'No codicies'. Podía considerarse sin culpa, a la luz de la justicia externa, pero el décimo mandamiento lo condenaba porque le revelaba el estado de su corazón (Romanos 7.7–12).

'La codicia es idolatría', escribió Pablo en otra carta (Efesios 5.5). Esto la convierte en pecado contra Dios, como también contra los seres humanos. Es desear algo (o a alguien) tanto más que a Dios, que le permitimos que usurpe el lugar que le corresponde a él. Pero la codicia es también egoísmo. En efecto, este mandamiento se ocupa directamente de la avaricia de la sociedad de consumo y de su cínica despreocupación por los pobres y hambrientos del mundo.

Lo opuesto a la codicia es el contentamiento. Esto es algo que recibe más atención en el Nuevo Testamento de lo que recibe en el mundo occidental en nuestros días. 'Manténganse libres del amor al dinero', leemos en el libro de Hebreos, "y conténtense con lo que tienen, porque Dios ha dicho: 'Nunca te dejaré; jamás te abandonaré'" (Hebreos 13.5). Del mismo modo, Pablo, a pesar de sus muchos sufrimientos y privaciones, podía escribir: 'He aprendido a vivir en todas y cada una de las circunstancias … Todo lo puedo en Cristo que me fortalece' (Filipenses 4.12–13). Es más, hay algo fundamentalmente apropiado en cuanto al contentamiento cuando tenemos presente que somos peregrinos, que viajamos hacia el hogar de Dios. 'Con la verdadera religión se obtienen grandes ganancias, pero sólo si uno está satisfecho con lo que tiene. Porque nada trajimos a este mundo, y nada podemos llevarnos. Así que, si tenemos ropa y comida, contentémonos con eso' (1 Timoteo 6.6–8). Aquí tenemos, entonces, el antídoto para esa pasión turbulenta y destructiva llamada codicia, que el décimo mandamiento prohíbe. Es una combinación de simplicidad, generosidad y contentamiento o conformidad.

La vida de obediencia

Los Diez Mandamientos ponen ante nosotros niveles de conducta muy elevados. Nos llaman a darle a Dios nuestra adoración exclusiva, espiritual, consecuente, constante y obediente, y a ocuparnos de la integridad de la vida, la casa, la propiedad y el buen nombre de nuestro prójimo. Y cuando entendemos las consecuencias radicales de estas demandas, como las revela Jesús en el Sermón del Monte, y las vemos como un llamamiento a amar a Dios con todo nuestro ser, y a amar a nuestro prójimo como nos amamos a nosotros mismos, deberíamos sentir profunda tristeza. Por cierto que este fue el primer propósito de Dios al darnos la ley, a saber, exponer y condenar nuestros pecados, y de este modo llevarnos a reconocer que es imposible salvarnos a nosotros mismos. Puede decirse que la ley nos impulsa hacia Cristo como el único, el indispensable, Salvador. Y una vez que la ley nos ha hecho acudir a Cristo para ser justificados, Cristo nos manda de vuelta a la ley para ser santificados, siempre que recordemos que es el Espíritu Santo solo quien puede escribir la ley en nuestro corazón y hacer que la obedezcamos.

Es preciso que valoremos cada vez más el don del Espíritu que mora en nosotros. Entonces acudiremos cotidianamente a Cristo, y abriremos nuestra personalidad ante él, con el fin de que el Espíritu Santo pueda llenarnos y cambiarnos. También recordaremos que Dios mismo ha establecido ciertos canales por los cuales nos alcanza su gracia santificadora. Estos 'medios de gracia' incluyen la lectura de la Biblia, la oración, el culto de adoración, la comunión y el servicio de la santa cena.

La salud física ofrece una ilustración adecuada. La mejor forma de mantenernos bien y combatir las infecciones no consiste en recurrir a los medicamentos específicos cuando hay una epidemia y estamos expuestos a los gérmenes (aunque esto puede ser necesario), sino más bien en fortalecer la resistencia durante el resto del año mediante buenos hábitos de dieta, sueño, y ejercicio. De igual manera, el verdadero secreto de combatir el mal y desarrollar la santidad de vida no está en lo que hacemos en el momento de la tentación (aunque por cierto que debemos clamar a Cristo Jesús en procura de ayuda), sino más bien en lo que hacemos el resto del tiempo, adquiriendo fortaleza espiritual mediante una vida disciplinada en el Espíritu.

En el próximo capítulo nos ocuparemos de los medios de gracia.

Guía de estudio 7
Compromisos morales

Elementos básicos

Preguntas

1. ¿Cómo le contestarías a alguien que dice: 'Los Diez Mandamientos están desactualizados'?

2. ¿Cómo le contestarías a un creyente que dice: 'He tratado de vivir de acuerdo a las normas morales de Dios, pero no puedo cumplirlas'?

3. ¿Cuáles de los Diez Mandamientos te resultan más difíciles de cumplir o encuentras más desafiadores?

Una promesa

Fortaleza en la tentación: 1 Corintios 10.13.

Una oración

Para miembros nuevos de la iglesia: la oración número 3 en la página 224.

Elementos adicionales

Estudio bíblico

Marcos 12.28–34.

En grupo

Se dividen en dos grupos iguales. Luego discutan los problemas que plantea la representación. Cada grupo representa para el otro una escena en la que un cristiano tiene dificultades para cumplir uno de los mandamientos.

Aplicación   Elabora una síntesis sencilla de los Diez Mandamientos que te sirva para recordarlos.

Comprobación   ¿Aceptas los Diez Mandamientos como las normas morales de Dios, y tratas de cumplirlos en tu vida con su ayuda?

Lecturas adicionales sugeridas   *Atrévete a ser santo*, John White, Certeza Argentina.

La fe cristiana frente a los desafíos contemporáneos, John Stott, Nueva Creación.

Mero cristianismo, C. S. Lewis, Andrés Bello.

1001 proverbios de Dios para una vida feliz, Bill Hybels, Certeza Unida.

Viviendo como pueblo de Dios, Christopher Wright, Andamio.

8
La lectura de la Biblia y la oración

Si queremos progresar firmemente
en la vida cristiana, es probable que nada sea más importante
que la disciplina de tener diariamente un 'momento devocional' con Dios. Es este uno de los principales medios de gracia
a los que me refería al final del capítulo anterior. Idealmente,
este momento sagrado con Dios es lo primero que deberíamos
hacer por la mañana, y lo último antes de acostarnos, si bien
cada cual ha de decidir cuáles son los mejores momentos del
día en cada caso particular. Si perseveramos, pronto formare-
mos el hábito que nada, salvo una enfermedad, podrá romper.

Para los jóvenes es particularmente importante desarrollar
esta práctica. En la década del '70, alrededor de un millón de
jóvenes norteamericanos se dedicaban a la 'meditación tras-
cendental' cotidiana, durante la cual repetían vez tras vez su
'mantra'. ¿Por qué no han de desarrollar los jóvenes discípulos
de Jesucristo el ejercicio mucho más provechoso de la meditación cristiana? 'La lealtad de la juventud cristiana', dijo William
Temple en 1943, 'ha de ser primera y principalmente hacia Cristo
mismo. Nada hay que pueda reemplazar el momento diario de
compañerismo íntimo con el Señor. Encuentra el tiempo adecuado de algún modo y asegúrate de que sea algo real.'

Sería un gran error, sin embargo, considerar que los momentos devocionales cotidianos son necesarios para la gente joven
únicamente. Yo mismo puedo testificar, a partir en una experiencia de más de cincuenta años, sobre la necesidad vital de
encontrarme con Dios de esta manera todos los días. Pienso,
también, en el doctor Frank Gaebelein, director durante 41

años de la escuela Stony Brook, en Long Island. Cuando cumplió ochenta años le preguntaron qué querría aconsejar a la generación siguiente de líderes cristianos, y contestó: 'Mantengan a toda costa un momento diario de lectura de las Escrituras y oración. Cuando miro hacia atrás, puedo ver que la influencia más formativa de mi vida y mi pensamiento ha sido mi contacto cotidiano con las Escrituras durante más de sesenta años.'[14]

Para que estos momentos de quietud dedicados a Dios sean equilibrados, han de incluir lectura de la Biblia y la oración… y en ese orden, justamente. Primero, escuchamos lo que Dios puede querer decirnos por medio de su Palabra. Le decimos como el niño Samuel, 'Habla, Señor, que tu siervo escucha' (1 Samuel 3.9–10); procuramos imitar a María de Betania, quien 'sentada a los pies del Señor, escuchaba lo que él decía' (Lucas 10.39). Luego, en segundo lugar, le hablamos nosotros a él. Habrá mucho sobre lo cual hablar, especialmente después de que él nos haya hablado a nosotros. Es como el movimiento de un péndulo. Se trata de una conversación en dos sentidos, mediante la cual nuestra relación (incluso amistad) con Dios se profundiza.

La lectura de la Biblia

Dos interrogantes se nos presentan al pensar en la Biblia. El primero se relaciona con la razón por la que debemos creer que es palabra o mensaje de Dios para nosotros, y el segundo se refiere a la forma en que hemos de leerla.

1. Por qué hemos de creer lo que dice la Biblia

El concepto de 'revelación' es un concepto fundamentalmente razonable. Esta palabra significa 'descorrer el velo' y expresa el hecho de que la naturaleza de Dios, como también su carácter y sus propósitos, están ocultos a nuestros ojos a menos que, y hasta que él mismo descorra el velo y se nos muestre. Porque, ¿cómo podría nuestra mente finita penetrar la mente infinita de Dios? Se trata de algo imposible. Dios está totalmente más allá de nosotros, fuera de nuestro alcance. He aquí cómo Dios mismo ha descrito la situación: 'Mis pensamientos no son los de ustedes, ni sus caminos son los míos ... Mis caminos y mis pensamientos son más altos que los de ustedes; ¡más altos que los cielos sobre la tierra!' (Isaías 55.8–9). Por lo tanto, si los pensamientos y los caminos de Dios son tanto más altos que los nuestros, como los cielos lo son sobre la tierra, jamás podríamos conocer su mente a menos que él mismo tomase la iniciativa y se revelase.

Esto es justamente lo que creemos que ha hecho. Para comenzar, se ha revelado a sí mismo en el universo creado, como hemos visto. Pero esa es revelación de su gloria únicamente. Su gracia, su amor inmerecido para con los pecadores, se nos revelan en forma suprema en la persona de Cristo, y en la totalidad del testimonio bíblico en cuanto a Cristo. Jesucristo es la palabra viviente de Dios, en tanto que las Escrituras constituyen su palabra escrita, que señala hacia Cristo. Ambas son 'palabra' de Dios hablada por él. Así como los seres humanos pueden conocerse mutuamente sólo si hablan entre sí, de la misma manera sólo podemos conocer la mente de Dios porque él ha hablado (ver Hebreos 1.1–2).

En el Antiguo Testamento, durante un período largo de tiempo, y en forma progresiva, Dios se dio a conocer al pueblo del pacto, especialmente por medio de sus mensajeros, los profetas, que por lo general iniciaban sus oráculos con fórmulas tales como 'La palabra del Señor vino a mí', o 'Así dice el Señor', o 'Escuchen la palabra del Señor'. El propio Jesús aceptó estas declaraciones proféticas tal como fueron expresadas. Aceptó las Escrituras del Antiguo Testamento como la Palabra de su Padre. Las pruebas de esto son contundentes. Primero, las obedeció en su propia vida, y contestó cada tentación del diablo con una cita bíblica adecuada. Además, creía que las Escrituras daban testimonio de él y se cumplían en él, a la vez que interpretó su misión a la luz de la enseñanza de las mismas. Tercero, en debates con los líderes religiosos las citaba como la autoridad última, el tribunal final de apelación. Sería inadmisible que nosotros tuviésemos un concepto inferior del Antiguo Testamento al que tenía él, porque 'el discípulo no es superior a su maestro'. Los autores del Nuevo Testamento tenían el mismo respeto que Jesús por el Antiguo Testamento. Por ejemplo, 'toda la Escritura es inspirada por Dios' (2 Timoteo 3.16). Esta cita aclara que el significado del término 'inspiración' no es que Dios inspirara a los autores, sino que inspiró las palabras de ellos que salían de su propia boca. Esta dramática metáfora ilustra la doble paternidad de las Escrituras: los autores hablaron las palabras de Dios y Dios habló en las palabras de ellos.

Sólo podemos conocer la mente de Dios porque él ha hablado.

Jesús no sólo aceptaba el Antiguo Testamento, sino que hizo los arreglos necesarios para la preparación del Nuevo. Eligió, llamó, preparó, envió e inspiró a los apóstoles, encargándoles un ministerio paralelo al de los profetas en el Antiguo Testamento. Las promesas que les hizo en el aposento alto son particularmente importantes. Por un lado, el Espíritu Santo les 'recordaría' lo que Jesús les había enseñado (Juan 14.26), y por otro los 'guiaría' a toda la verdad que él les había querido enseñar, pero que ellos no estaban todavía en condiciones de recibir (Juan 16.12–13). Estas promesas complementarias acerca de los ministerios de enseñar y recordar del Espíritu Santo se cumplieron principalmente cuando se escribieron los Evangelios y las Epístolas.

En cuanto a los Evangelios hay varias razones que explican por qué debemos aceptar confiadamente su carácter fidedigno. En primer lugar, sus autores eran cristianos honestos, para quienes la verdad era importante; en sus escritos ofrecen pruebas de su integridad e imparcialidad. Luego, eran ellos mismos testigos oculares o dependían de testigos oculares (ver por ejemplo Lucas 1.1–4). Además, contrariamente a lo que solía decirse, los cuatro Evangelios son todos documentos del primer siglo. Más aun, un creciente número de eruditos cree que fueron todos escritos antes de la destrucción de Jerusalén en 70 d.C. El breve lapso entre los acontecimientos y los relatos escritos sobre los mismos fue cubierto por el uso que hacían las iglesias de palabras y obras de Jesús para la evangelización y el adoctrinamiento de sus conversos. Agregado a esto, actualmente contamos con tantos manuscritos antiguos y citas de los primeros, que se ha podido determinar con precisión el texto original. Quedan muy pocos e insignificantes casos de incertidumbre.

Además, la Biblia parece mostrar de manera maravillosa lo que sostiene que es. La unidad fundamental en cuanto a su tema es tanto más impresionante por cuanto se trata de una biblioteca de 66 libros escritos por unos cuarenta autores en alrededor de 1500 años. Sus profecías se han cumplido en forma notable. Sus doctrinas son profundas y su ética es noble. Cerca de 2000 años después de Cristo la popularidad de la Biblia sigue aumentando. Ha proporcionado perdón a los culpables, libertad a los oprimidos, guía a los desconcertados, consolación a los que mueren y esperanza a los acongojados. Todo el que la lee con actitud mental abierta y espíritu humilde da testimonio de su poder. ¡Sin duda, cada vez que leemos este Libro, nos sacude! La prueba definitiva de que se trata de la Palabra de Dios es que Dios nos habla personalmente a través de ella.

No estoy afirmando que es igualmente provechosa en su totalidad, o que siempre sea fácil de entender. Por el contrario, todos los lectores de la Biblia tienen que aprender los principios básicos necesarios para su interpretación. Primero, buscamos el significado *natural* del texto. A veces, el significado sencillo y obvio no es el sentido literal sino el figurado. Segundo, buscamos el significado *original.* Tenemos que evitar poner en la mente de los autores originales la forma de pensar del siglo xx. Para comprenderlos tendremos que saber algo sobre el fondo histórico, geográfico y cultural de la Biblia. Tercero, buscamos el significado *general.* Vale decir, tenemos que interpretar cada texto a la luz tanto de su contexto inmediato en el capítulo o libro, como de su contexto más amplio en la Biblia toda. El vigésimo artículo de los *Treinta y nueve artículos* de la Iglesia Anglicana es sabio cuando prohíbe a la iglesia 'explicar de tal forma un lugar de las Escrituras que resulte incompatible con otro'. En cambio, hemos de procurar la armonía permitiendo que las Escrituras mismas interpreten las Escrituras.

Cómo debemos leer la Biblia

Es esencial adoptar algún método. No es suficiente seguir leyendo los pasajes favoritos. Tampoco deberíamos imitar a la mariposa y saltar irresponsablemente de versículo en versículo. A algunos creyentes les gusta idear su propio sistema, alternando entre libros del Antiguo Testamento y el Nuevo. Otros prefieren tomarse el tiempo necesario para estudiar un libro en particular con cierta profundidad, y encuentran útiles ciertos libros que procuran explicar el significado del texto bíblico y a la vez relacionarlo con el mundo contemporáneo (ver sugerencias para lecturas adicionales en las Guías de Estudio). Aun otros aprovechan guías de lectura diaria como los citados al final de este capítulo.

A continuación ofrezco cuatro sugerencias sobre cómo leer:

1. ¡Ora!

Dado que la Biblia es la Palabra de Dios, no podemos leerla con indiferencia o descuido, como si se tratara de un diario. Todo lo contrario, nos acercaremos a ella con 'aquella reverencia y humildad sin las cuales nadie puede entender' las verdades de Dios, como expresó Juan Calvino. También hemos de implorar al Espíritu Santo que ilumine nuestra mente, y particularmente que nos muestre a Cristo. El Señor resucitado, cuando iba por el camino a Emaús con dos de sus discípulos, 'les explicó lo que se refería a él en todas las Escrituras' (Lucas 24.27). Así lo expresó Christopher Chavasse, quien fue obispo anglicano de Rochester:

> La Biblia … es el retrato de nuestro Señor Jesucristo.
> Los Evangelios son la Figura misma en el retrato.
> El Antiguo Testamento es el fondo, que orienta hacia la
> Figura divina, señalándola, y es absolutamente necesario
> para la composición en su conjunto. Las Epístolas
> sirven para vestir y ataviar la Figura, explicándola y
> describiéndola. Y luego, mientras mediante la lectura
> de la Biblia estudiamos el retrato como un todo grande
> y completo, ¡ocurre el milagro! ¡La Figura adquiere vida!
> Y, alejándonos de la tela de la palabra escrita, el eterno
> Cristo del relato de Emaús se convierte él mismo en
> nuestro maestro de la Biblia para interpretar en todas
> las Escrituras las cosas relacionadas consigo mismo.

Cuando leemos la Biblia el Espíritu Santo se deleita, en respuesta a nuestras oraciones, en presentarnos al Cristo Jesús vivo. Luego, haciéndonos eco de lo que dijeron los discípulos del relato de Emaús, nosotros también podremos dar testimonio de que 'ardía nuestro corazón mientras conversaba con nosotros … y nos explicaba las Escrituras' (Lucas 24.32).

2. ¡Piensa!

Hemos de pensar además de orar. 'Reflexiona en lo que te digo', le escribió Pablo a Timoteo, 'y el Señor te dará una mayor compresión de todo esto' (2 Timoteo 2.7). Sólo Dios podía dar discernimiento; pero Timoteo tenía que reflexionar. Es igual con nosotros. Tenemos que aprovechar nuestras propias investigaciones y a la vez depender de la iluminación del Espíritu Santo. Para esto una moderna Biblia de estudio como la *Nueva Versión Internacional* (de la que vengo citando) será de mucha utilidad, y tal vez, además, una versión más popular como *Dios habla hoy*. Una concordancia es útil para ayudar a encontrar un texto o un pasaje. Otras ayudas valiosas son un diccionario, un buen comentario en un solo tomo y un compendio o manual de la Biblia: nos proporcionarán mucha información adicional.

Pero estos son sólo auxiliares. Nuestra responsabilidad consiste en leer, volver a leer y seguir leyendo el pasaje, y dedicarnos a sacarle todo lo que tiene, como hace el perro con el hueso. Yo encuentro que me ayuda mucho hacerme constantemente dos preguntas. Primero, ¿qué quería decir? Es decir, ¿cuál era su sentido original? Segundo, ¿qué es lo que me dice? Es decir, ¿cuál es su aplicación actualmente? Para responder estas dos preguntas aplicamos los principios básicos de interpretación que presenté más arriba.

3. ¡Recuerda!

Cuando Dios nos habla, tenemos que tratar de recordar lo que nos dice. La mala memoria provocó la ruina de Israel. El pueblo olvidaba las lecciones que Dios le había enseñado. Un estímulo para la memoria es un lápiz. Es útil tener un anotador en el que se pueda escribir diariamente, por temas o por libros de la Biblia, las verdades que Dios nos va enseñando. Así podremos repasarlas de tanto en tanto y refrescar la memoria. Otra forma consiste en aprender de memoria versículos que nos han impresionado en forma especial. Podemos tomar nota de los mismos y luego seguir repasándolos. Si aprendemos de memoria (digamos) un versículo por semana, con la referencia correspondiente, nuestro conocimiento acerca de Dios y su Palabra aumentará sistemáticamente.

4. ¡Obedece!

No tiene mucho sentido leer la Biblia si nunca ponemos en práctica lo que ella nos enseña. Orar, pensar, y recordar son actividades inútiles si luego rechazamos lo que hemos aprendido. El hombre sabio, según Jesús, que edifica su casa tan sólidamente sobre la roca que ni las tormentas más fuertes pueden hacerle daño, es el que presta atención a sus palabras 'y las pone en práctica' (Mateo 7.24). También Santiago, haciendo eco a lo que destacaba Jesús, apela a sus lectores y les dice: 'No se contenten sólo con escuchar la palabra … Llévenla a la práctica'

(Santiago 1.22). Con sentido del humor compara a los lectores desobedientes de la Biblia con los que se miran a sí mismos en el espejo, ven que necesitan lavarse la cara o peinarse, pero inmediatamente se olvidan de hacerlo.

La oración

Todo hombre y toda mujer están en la mejor posición, y en la más noble, cuando están de rodillas ante Dios en oración. Orar no sólo es ser verdaderamente piadoso; es, también, ser verdaderamente humano. Porque allí tenemos a seres humanos, hechos por Dios semejantes a Dios, y dedicados a Dios, que se ocupan de dedicar tiempo a estar en comunión con él. De manera que la oración es una actividad auténtica en sí misma, independientemente de cualquier beneficio que ella pueda proporcionarnos. No obstante, es también uno de los medios más efectivos de la gracia. Dudo que alguien haya llegado a ser semejante a Cristo

El hombre sabio que edifica su casa tan sólidamente sobre la roca es el que presta atención a la Palabra de Dios y la pone en práctica.

en medida significativa sin ser diligente en la oración. '¿Cuál es la razón', preguntó J. C. Ryle, 'de que algunos creyentes sean mucho más radiantes y santos que otros? Creo que la diferencia', se contestó él mismo, 'en diecinueve casos de veinte, tiene que ver con diferentes hábitos de oración privada. Creo que quienes no se destacan por su santidad oran *poco*, y quienes son eminentemente santos oran *mucho*.' Además, 'la oración y el pecado nunca moran juntos en el mismo corazón. La oración consumirá el pecado, o el pecado ahogará la oración.'[15]

Correctamente entendida, la oración es siempre una respuesta a la Palabra de Dios. Él habla primero (por medio de la Biblia); y nosotros contestamos (en oración). Siendo así, una buena regla consiste en comenzar nuestros momentos de oración contestándole a él (ya sea con alabanza, confesión o petición) sobre el mismo asunto del que él nos ha estado hablando mediante la lectura bíblica. Proceder así es sencillamente cortés; se considera descortés cambiar la conversación. En la práctica, entonces, resulta útil mantener abierta la Biblia después de haberla leído y meditado en su contenido, a fin de volver a repasar el pasaje, versículo a versículo, convirtiéndolo en una oración adecuada. Siempre es un gozo proceder de esta manera. Además de ser lo correcto, esta manera de obrar nos ayuda a convertir lo que leemos en realidad en nuestra vida diaria.

En todas nuestras oraciones debemos proceder con la mayor naturalidad posible. Tenemos que recordar que Dios es nuestro Padre y que nosotros somos sus hijos e hijas. Una cocinera de cierta edad me dijo en una ocasión: 'Veo que usted puede hablar con Dios en un tono más bien confidencial. Puede contarle algunos de sus secretos, y hablarle como si estuvieran solos.' Esa mujer tenía razón. Al mismo tiempo, no debemos permitir que nuestra familiaridad con Dios se convierta en irreverencia. Tampoco deberíamos imaginar que el lenguaje familiar o coloquial son necesariamente lo mejor. Hay cristianos que prefieren utilizar formas fijas de oración, y gustan de oraciones bien armadas de otras épocas. Hay varios libros buenos que contienen tales oraciones. A otros les gusta armar su propia colección y agregar algunas compuestas por ellos mismos. Al final de este libro se incluye una selección de oraciones sobre diferentes temas.

Hay por lo menos cinco clases diferentes de oración, todas las cuales deberían ser utilizadas en nuestros momentos devocionales privados. Una forma de distinguir entre ellas es pensar que, en cada una de ellas, tenemos la vista orientada en direcciones diferentes.

1. La mirada puesta en Dios.

Esto es *adoración*. Consiste en procurar dar a Dios la gloria que corresponde a su nombre. La mejor definición bíblica que conozco de lo que significa la adoración es esta: 'Siéntanse orgullosos de su santo nombre' (Salmo 105.3), o, como lo expresa

Reina-Valera, 'gloriaos en su santo nombre'; es decir, deléitense en la increíble maravilla de su persona y de su revelación de sí mismo. Si la adoración se justifica por el hecho de que Dios es digno de ella, también es el mejor antídoto contra nuestro propio egocentrismo, la forma más efectiva de 'desinfectarnos de nuestro egoísmo', como lo expresó un escritor hace mucho tiempo.[16] En la adoración verdadera volvemos el reflector de nuestra mente y nuestro corazón hacia Dios y olvidamos temporalmente nuestro perturbador yo, que en general se entremete donde no le corresponde. Nos maravillamos ante la belleza y los detalles de la creación de Dios. Contemplamos la vergonzosa cruz en la que murió el Príncipe de gloria. Nos sentimos atrapados con Dios, Padre, Hijo, y Espíritu Santo. Jesús nos enseñó a proceder así en el Padre Nuestro, cuyas tres primeras frases no se ocupan de nuestras necesidades sino de su gloria, de la honra debida a su nombre, de la expansión de su reino y de cumplir su voluntad. Dado que normalmente vivimos tan volcados hacia nosotros mismos, esto no nos resulta fácil. Pero es preciso perseverar, por cuanto nada hay que sea más correcto ni más importante que adorar a Dios.

> **La adoración a Dios es es el mejor antídoto contra nuestro propio egocentrismo.**

Algo que puede ayudar a que nos concentremos en la adoración es el uso de un himnario, para cantar o leer en voz alta algunos de los grandes himnos tales como 'Santo, santo, santo, Dios omnipotente', 'Cuan grande es él', 'Castillo fuerte', 'Oh, tu fidelidad'. Estos himnos contribuyen a fijar nuestra atención en la persona y el carácter de Dios, y en sus maravillosas obras de creación y redención. Por contraste, son demasiados los himnos modernos que se ocupan en forma enfermiza de nosotros mismos, de nuestras propias acciones, y de nuestras propias experiencias. Por cierto que no todos, desde luego. Pienso en himnos hermosos contemporáneos como 'Padre del Cielo, te adoramos', 'Rey del universo, Señor de los siglos' y otros similares.

2. La mirada hacia nosotros mismos.

Esto lleva a la *confesión*. Todos sabemos que la introspección excesiva puede ser de poca ayuda, e incluso malsana y perjudicial. Pero en medida adecuada no sólo es saludable, sino necesaria. La lectura de la Biblia nos fuerza a ser sobrios y humildes. La Palabra de Dios expone crudamente nuestro pecado, egoísmo, vanidad y codicia, y luego nos desafía a arrepentirnos y hacer confesión. Una de las maneras más efectivas de hacerlo es leer alguno de los salmos penitenciales, especialmente, tal vez, el Salmo 51 ('Ten compasión de mí, oh Dios') o el Salmo 130 ('A ti, Señor, elevo mi clamor desde las profundidades del abismo').

Es saludable repasar todas las noches brevemente el curso del día para tomar conciencia de los errores o faltas. No hacerlo tiende a hacernos descuidados acerca del pecado, y nos alienta a pretender aprovecharnos de la misericordia de Dios, mientras que adquirir el hábito de hacerlo nos humilla y nos avergüenza, y aumenta en nosotros el anhelo de adquirir mayor santidad. No hay nada morboso en confesar los pecados, siempre que luego procedamos a dar gracias por el perdón que recibimos. Es muy bueno mirar hacia adentro, con tal que esto nos impulse a mirar hacia fuera y hacia arriba inmediatamente.

3. La mirada orientada hacia los demás.

Esto es *intercesión*. Jesús nos dio un ejemplo de esto al orar tanto por sus discípulos como por sus enemigos. Pablo oraba por sus conversos (por muchos de ellos por nombre), por las iglesias que había fundado, y también por cristianos que no había conocido personalmente (por ejemplo, Romanos 1.8–10; Colosenses 2.1). También nosotros deberíamos incluir otras personas en nuestras oraciones; quizá sea el mejor servicio que podríamos prestarles.

Muchos cristianos tienen una lista de oración de algún tipo. Nos ayuda a ser metódicos. En ella probablemente incluyamos nuestra familia y nuestros amigos, parientes, discípulos, compañeros de trabajo, y los líderes y miembros de la iglesia. También hemos de recordar de tiempo en tiempo a los gobernantes, a otros dirigentes nacionales que tienen influencia en la vida pública, y a determinadas personas que aparecen en los diarios. Nuestra preocupación cristiana por la paz y la justicia en la tierra, por la evangelización mundial, seguramente ha de expresarse en nuestras oraciones. Posiblemente sea una lista tan larga que nos resulte una carga demasiado pesada, incluso inmanejable. Una manera de evitar esto es orar por unas cuantas personas especiales diariamente, por otras semanalmente, y luego tener una lista más larga de los que queremos recordar una vez por mes o de tanto en tanto. Cualquiera sea el sistema que adoptemos, es sensato mantenerlo elástico y adaptable. A mí me gusta anotar en forma especial a las personas que me han pedido que ore por ellas en relación con alguna necesidad particular; alguien que tiene que enfrentar un examen o una cirugía, tal vez, alguien que está muy cerca del reino de Dios o que acaba de recibir a Cristo, o alguien que tiene que tomar alguna decisión importante o que está atravesando una situación de mucha tensión. Luego, a medida que van surgiendo y desapareciendo diferentes crisis, resulta natural agregar algunas personas a la lista y tachar a otras. Cuanto más específicos y concretos podamos ser en nuestras oraciones, tanto mejor. Anotar las oraciones que hacemos también aumenta nuestras esperanzas, mientras acudimos a Dios en busca de respuestas.

4. La mirada orientada hacia el pasado.

Esto debería impulsar a la *acción de gracias*, lo cual difiere de la adoración. En la adoración alabamos a Dios por lo que él es en sí mismo; en la acción de gracias reconocemos con gratitud lo que él ha hecho por nosotros y por otros. A los israelitas se los animó a recordar toda la bondad de Dios para con ellos, 'pero muy pronto olvidaron sus acciones' (Salmo 106.13) y el pueblo se volvió ingrato. Es de esperar que nosotros no cometamos el mismo error. Es bueno que nos exhortemos a nosotros mismos a recordar y a expresar agradecimiento, como lo hizo el salmista: 'Alaba, alma mía, al Señor, y no olvides ninguno de sus beneficios' (Salmo 103.2).

En el 'Libro de oración episcopal' encontramos una síntesis maravillosamente completa sobre los motivos por los cuales agradecer a Dios: primero, 'por nuestra creación, preservación y todas las bendiciones de esta vida', luego 'sobre todo por tu amor inmensurable en la redención del mundo por nuestro Señor Jesucristo', y también 'por los medios de gracia, y la esperanza de gloria' (es decir, la seguridad del cielo). Al término de cada día parecería correcto repasar lo vivido con el fin de tomar conciencia de nuestros pecados como también de la misericordia de Dios. Si confesamos nuestros pecados, no dejemos de agradecer a Dios por el perdón de los mismos.

5. La mirada orientada hacia el futuro.

Esto es *petición o súplica*. Lo he dejado para el final, aun cuando ocupa el lugar más grande en las oraciones de la mayoría de los creyentes. Por cierto que no debemos tener vergüenza de hacer nuestros pedidos a Dios (ver Filipenses 4.6). El propio Jesús nos estimuló a acercarnos al Padre celestial y reconocer que dependemos de él para el alimento cotidiano, para el perdón de los pecados y para ser librados del mal.

Pero Dios conoce nuestras necesidades; no es necesario que se las digamos. Y en su amor él quiere proveernos de lo que necesitamos; no se trata de intimidarlo o de fastidiarlo. ¿Para qué orar, entonces? ¿Qué sentido tiene? Juan Calvino contestó cabalmente estos interrogantes. Escribió así:

> Los creyentes no oran con el propósito de informar a Dios acerca de cosas que le sean desconocidas a él, o de impulsarlo a cumplir su deber, o de insistir como si él fuese reacio. Por el contrario, oran con el fin de despertar su propia conciencia para buscarlo a él,

> con el fin de ejercer su fe para meditar en sus promesas, con el fin de liberarse de sus ansiedades derramándolas en el corazón de él; en una palabra, con el fin de declarar que de él solo pueden esperar, tanto para ellos mismos como para otros, todo lo bueno.[17]

El propósito de la oración petitoria, por consiguiente, no es informar a Dios como si él fuese ignorante, ni persuadirlo como si él fuese reacio a obrar. No tiene el propósito de torcer la voluntad de Dios para nuestro beneficio, sino más bien el de alinear nuestra voluntad con la de él. Nuestro Padre no consiente caprichos a sus hijos. Espera hasta que anhelemos cumplir su voluntad.

Miramos, sin duda, hacia el futuro. Pensamos en los deberes y los problemas, las esperanzas y los temores del mañana, de la semana entrante, del año que viene. Anticipamos posibles enfermedades y pesares, la hora de la muerte, el regreso de Cristo, la resurrección, los nuevos cielos y la nueva tierra. La incertidumbre anida en todos estos acontecimientos. No sabemos cuando ni cómo ocurrirán. ¿Cuál ha de ser, entonces, nuestra oración? Los cristianos tienen una sola: 'No se haga mi voluntad sino la tuya.' Pedimos orientación para conocer la voluntad de Dios y fortaleza para cumplirla.

Hemos visto que la vida cristiana es una vida de oración. Es una experiencia trinitaria de comunión con el Padre a través del Hijo y por el Espíritu. Además, esencialmente es una respuesta a la Palabra de Dios. Cuanto más disciplinados seamos para cumplir con nuestros momentos devocionales, tanto más fácil nos será '[orar] sin cesar' (1 Tesalonicenses 5.17) y 'permanecer en [Cristo]' (Juan 15.1–8) porque la seguridad de su presencia invadirá y ocupará los períodos intermedios.

Guía de estudio 8
La lectura de la Biblia y la oración

Elementos básicos

Preguntas

1. ¿Cómo le contestarías a alguien que dice: 'La Biblia está desactualizada'?

2. ¿Cómo le contestarías a un creyente que dice: 'He tratado de orar, pero no parece dar resultado'?

3. ¿En qué medida te resulta útil tu práctica actual de leer la Biblia y orar? ¿En qué formas podrías hacer que te resulte más útil?

Promesas

Oración contestada: Juan 15.7.

Paz en la mente y el corazón: Filipenses 4.6–7.

Oraciones

Para la lectura de la Biblia: la oración número 9 en la página 226.

Para obtener ayuda al aprender a orar: la oración número 10 en la página 227.

Elementos adicionales

Estudio bíblico

Lucas 24.13–32.

En grupo

Estudien Lucas 24.13–32 juntos empleando las sugerencias sobre 'Orar-Pensar- Recordar' en las páginas 160–162. ¿En qué forma se han de ayudar mutuamente a obedecer?

Aplicación Dediquen tiempo a orar, utilizando las cinco indicaciones bosquejadas en las páginas 164–169.

Comprobación ¿Lees la Biblia y oras de manera habitual, si es posible todos los días?

Lecturas adicionales sugeridas

Valiosas obras de consulta

Manual Bíblico Ilustrado, Unilit.

Nuevo Diccionario Bíblico Certeza, Certeza Unida.

Lectura bíblica

Así leo la Biblia, Jorge Atiencia, Samuel Escobar y John Stott, Certeza Unida.

La Biblia, ¿es para hoy?, John Stott, Certeza Argentina.

Guías devocionales

Buenos días Señor, Barry Harrison (editor), Puma.

Encuentro con Dios, Unión Bíblica.

Esta mañana con Dios, Andamio.

Conoce los Salmos, Silvia Chaves y Carlos Yabraian, Certeza Argentina.

Conoce a Jesús, Silvia Chaves, Certeza Argentina.

Estudio devocional de la Biblia Certeza, Ro Willoughby y otros, Certeza Argentina.

Ayudas para el estudio de los libros de la Biblia

Cómo comprender la Biblia, John Stott, Certeza Unida.

Apocalipsis: No tengan miedo, Jorge Atiencia y Ziel Machado, Certeza Unida.

El Sermón del Monte, John Stott, Certeza Unida.

El mensaje de Efesios: La nueva humanidad, John Stott, Certeza Unida.

Señales de una iglesia viva, John Stott, Certeza Argentina.

Serie Comentario Bíblico Iberoamericano, Kairós.

Serie Comentario Bíblico Hispanoamericano, Caribe.

Victoria sobre la corrupción, Jorge Atiencia, Certeza Argentina.

La oración

La oración, Richard Foster, Betania.

La oración: Un diálogo que cambia vidas, John White, Certeza Argentina.

No tengo tiempo para orar, Bill Hybels, Certeza Unida.

Señor, enséñame a orar, O. Hallesby, Siembra Perú.

Un llamamiento a la renovación espiritual, Donald Carson, Andamio.

9
La cena del Señor

La primera condición

La primera condición para una vida cristiana caracterizada por la salud y el progreso es que mantengamos una relación íntima con Dios por medio de la oración y la lectura cotidiana de la Biblia . La segunda condición es que los miembros de la comunidad cristiana mantengamos una relación íntima entre unos y otros. La vida cristiana no puede vivirse aisladamente (¡excepto en la improbable circunstancia de encontrarnos abandonados en una isla desierta!). Tampoco, por cierto, hemos de querer aislarnos de esa comunidad, una vez que hayamos probado el disfrute de la comunión fraternal.

Hermanos y hermanas en Cristo

Muchas personas encuentran poco atractiva la perspectiva de hacerse miembros de una iglesia cristiana; hasta pueden encontrarla realmente desconcertante. Se sienten decididamente incómodas en la iglesia. La idea de una comunidad multicultural suena grandiosa; pero la experiencia dista mucho de serlo. El escritor C. S. Lewis la describió con humor cáustico. Cuando, después de su conversión, él comenzó a concurrir a la iglesia los domingos, y a la capilla de la universidad los días de semana, escribió que la idea de hacerse miembro no le pareció nada atractiva:

> Si bien me gustaban los clérigos tanto como me gustan los osos, tenía tan pocas ganas de estar en la iglesia como de estar en el zoológico. Se trataba, para empezar, de una especie de colectivismo; un aburrido asunto de 'juntarse' … Para mí, la religión tenía que ser una cuestión de que hombres buenos orasen

solos y se juntaran de a dos o tres para hablar de temas espirituales. ¡Y además, estaba la irritante y molesta pérdida de tiempo de todo el asunto!: las campanas, las multitudes, los paraguas, los anuncios, el alboroto incesante, el eterno arreglar y organizar cosas. Los himnos me resultaban (y me resultan) extremadamente desagradables. De todos los instrumentos musicales el que menos me gustaba (y menos me gusta) es el órgano. Tengo, también, una especie de torpeza que me hace inepto para participar en cualquier rito.[18]

A quienes hemos sido miembros de una iglesia por muchos años, incluso toda la vida en algunos casos, nos resulta difícil entender las difíciles adaptaciones temperamentales y culturales que a menudo tienen que hacer los que se convierten. Otros, desde luego, no tienen ese problema. Pasan del aislamiento de sus días anteriores a la conversión y con ella a una comunidad de aceptación que jamás conocieron antes, y que les proporciona enorme alivio y regocijo. En este momento quiero ocuparme de los que experimentan dificultades. Es preciso que seamos más sensibles y misericordiosos para con ellos, y que hagamos todo lo que podamos para que su transición hacia la comunidad cristiana sea lo menos penosa posible. También debemos alentarlos a perseverar, ya que el compromiso claro y firme con la iglesia es una parte indispensable del discipulado cristiano y, una vez lograda la adaptación, sumamente gozosa. Como lo expresó Juan Wesley en una ocasión, 'transformar el cristianismo en una religión solitaria es equivalente a destruirlo'. Por cierto que tiene un aspecto solitario (una relación personal con Dios a través de Cristo), pero también tiene un aspecto social (la fraternidad con otros creyentes).

En el Sermón del Monte, Jesús nos alentó a dedicarnos a la oración privada ('Cuando te pongas a orar, entra en tu cuarto, cierra la puerta y ora a tu Padre … en lo secreto', Mateo 6.6) y también nos dijo que cuando oremos digamos 'Padre nuestro' (Mateo 6.9), algo que sólo podemos decir cuando formamos parte de una comunidad.

Miembros de su cuerpo

El propósito de Dios, que fue concebido en una eternidad pasada, que se va desenvolviendo en la historia, y que se verá perfeccionado en la eternidad futura, no consiste en salvar almas individuales, aisladas unas de otras, y de esta manera perpetuar nuestra soledad. El propósito de Dios es edificar una iglesia, para reunir en un solo cuerpo un pueblo de su propiedad, tomándolo de todas las naciones y culturas. El Nuevo Testamento describe esta sociedad divina por medio de muchas metáforas sumamente vívidas. Somos hermanas y hermanos en la familia de Dios, ciudadanos de su reino, y piedras en su templo (por ejemplo Efesios 2.19–22). También somos ovejas del rebaño de Cristo, ramas de su vid y miembros de su cuerpo (por ejemplo Juan 10.14–16; 15.1–8; 1 Corintios 12.27). Nos pertenecemos para siempre unos a otros porque pertenecemos para siempre a él.

Esto no es sólo una declaración de fe, sino un hecho. Yo mismo puedo dar testimonio de ello sobre la base de mi experiencia. He tenido el privilegio de viajar mucho y conocer a otros cristianos en los seis continentes. He participado en cultos de adoración en catedrales medievales de Europa, en chozas de lata en pequeños pueblos de América Latina, con esquimales en el ártico canadiense, y bajo árboles en el calor tropical de África y Asia. He sido cordialmente recibido por hermanas y hermanos en Cristo, siempre con una sonrisa y frecuentemente con un abrazo o un beso también, aun cuando no nos conocíamos antes y no podíamos entendernos, por hablar idiomas diferentes. El hecho es que la iglesia cristiana es la familia más grande de la tierra, y la única comunidad multirracial, multinacional, y multicultural que existe. Tengo entendido que cuando Margaret Mead, la conocida antropóloga norteamericana, vio en Vancouver en 1983 los miles de cristianos de todas partes del mundo que se habían congregado para la sexta asamblea del Concilio Mundial de Iglesias, exclamó: '¡Ustedes constituyen una imposibilidad sociológica!' Pero lo que es imposible para los seres humanos es posible para Dios. Por medio de Jesucristo ha derribado las barreras que nos dividían, y al reconciliarnos consigo nos ha reconciliado entre nosotros.

El compañerismo cristiano no es sólo un artículo de fe y una gloriosa realidad; es, además, un ayuda enorme. El ser miembros de una iglesia ejerce sobre nosotros una influencia estabilizadora. Así como la familia humana proporciona apoyo para sus miembros jóvenes cuando atraviesan los turbulentos años de la adolescencia, también la familia de Dios puede mantenernos firmes cuando nos asaltan la tentación, las tribulaciones o las dudas. Permíteme cambiar la metáfora. Un ministro o pastor escocés visitaba a un miembro de la iglesia que se había ausentado del culto dominical hacía poco. El pastor estaba sentado ante el fuego en silencio. Un rato después se inclinó hacia delante, levantó las pinzas del fogón, tomó una braza del fuego, y la colocó en el piso de la chimenea. La braza flameó brevemente y se apagó. Luego la levantó y la puso nuevamente con las otras brazas. En pocos segundos estaba encendida otra vez. El pastor se despidió y el hombre que había faltado volvió al culto el domingo siguiente. No hicieron falta más palabras.

Es muy probable que mis lectores ya tengan lazos con una iglesia local o se estén preparando para ingresar como miembros plenos de la misma. Si por alguna circunstancia no fuese así, quisiera animarles a remediar esta situación lo antes posible. Es una situación totalmente anómala, en realidad imposible, la de pretender pertenecer a la iglesia universal e invisible sin pertenecer a una manifestación visible y local de ella. Les ruego que no sean gitanos eclesiásticos, constantemente de paso de

Nos pertenecemos para siempre unos a otros porque le pertenecemos para siempre a él.

iglesia en iglesia, sin residencia fija. En cambio, espero que se unan a una iglesia, se asienten en ella, se presenten a los demás, y que siempre participen en el culto de los domingos. Si pueden hacerlo, es bueno asistir a alguna de las actividades en el medio de la semana también, ya sea una sesión de estudio bíblico o una reunión de oración, o (mejor todavía) a un grupo de comunión vecinal de unas doce personas. Es en estos encuentros más pequeños donde los miembros llegan a conocerse mutuamente, y donde pueden alentarse unos a otros en el Señor.

Si bien, como Jesús, quien fue tildado de 'amigo de publicanos y pecadores', deberíamos tener un amplio círculo de amistades no creyentes, en Cristo podemos disfrutar de amistades más profundas que las que habíamos conocido anteriormente. También podemos disfrutar de las bendiciones de una amistad cristiana íntima (lo que escritores de otras épocas llamaban un 'amigo del alma'), alguien con quien podemos compartir nuestras dudas y temores, problemas y tentaciones, alegrías y esperanzas. Además, dando por sentado que algunos de mis lectores son solteros, diré que los cristianos que deciden casarse sólo tienen libertad para casarse con cristianos, porque el 'yugo desigual' entre un cristiano y un no cristiano está prohibido (2 Corintios 6.14, RVR). El matrimonio es una unión demasiado íntima y sagrada como para que sea física, social e intelectual, pero no espiritual.

La cena del Señor

La mayoría de las iglesias considera que la principal expresión de comunión entre los cristianos es el servicio de la santa comunión. Pablo la llamó 'la cena del Señor' (1 Corintios 11.20), lo cual indica lo que es, a saber la comida de comunión de los discípulos, por invitación de su Señor. Jesús mismo la instituyó durante su última noche antes de la crucifixión, y ha sido reconocida casi universalmente desde entonces como lo central del culto cristiano. Lucas parecería indicar que era costumbre de las iglesias reunirse el primer día de cada semana con el fin de 'partir el pan' (Hechos 20.7). El día del Señor habría sido incompleto sin la cena del Señor. Algunas iglesias mantienen la cena como culto principal de cada domingo; otras la celebran uno o dos domingos al mes.

El equivalente de la cena del Señor en el Antiguo Testamento era la pascua, que se celebraba una sola vez al año. A los israelitas se les indicó que cuando sus hijos les preguntaran, '¿qué significa para ustedes esta ceremonia?', ellos debían explicar sus orígenes en la época del éxodo de Egipto (Éxodo 12.25–27). De forma semejante, es importante que nosotros preguntemos y contestemos interrogantes acerca del significado del servicio de comunión. Voy a sugerir que tiene cuatro temas principales.

1. Recordación

El significado más simple y más obvio de la cena del Señor es que conmemora la muerte de Jesucristo en la cruz. Según el relato más antiguo sobre su institución, preservado por Pablo, Jesús tomó el pan y lo partió, se refirió al mismo como su cuerpo, y dijo 'hagan esto en memoria de mí'. Del mismo modo, después de cenar, tomó una copa, se refirió a ella como 'el nuevo pacto en mi sangre' y repitió el mismo mandato, 'hagan esto, cada vez que beban de ella, en memoria de mí' (1 Corintios 11.23–25). De manera que tanto por lo que hizo con el pan y el vino (partiendo el primero, vertiendo el segundo) y por lo que dijo de ambos ('este es mi cuerpo, esta es mi sangre'), estaba llamando la atención a su muerte y al propósito de esta, e invitándolos a recordarlo de esta forma.

Por ejemplo, la tercera exhortación en el servicio episcopal instituido en 1662 dice:

> Con el fin de que siempre recordemos el extremadamente grande amor de nuestro Maestro y único Salvador Jesucristo, que murió por nosotros, y
> los innumerables beneficios que por su precioso derramamiento de sangre ha obtenido para nosotros,

ha instituido y ordenado sagrados misterios, como
prendas de su amor, y para una continua recordación
de su muerte, para nuestro gran e interminable
consuelo.

Más sencillamente, podemos decir que la cena del Señor fue
ordenada 'para la continua recordación del sacrificio de la
muerte de Cristo, y de los beneficios que como consecuencia
recibimos'.[19] Con el fin de estimular la mente y la memoria, el
ministro que oficia imita las acciones y repite las palabras de
Jesús en el aposento alto. Es esencial que lo que dice sea audi-
ble y lo que hace sea visible para la congregación, a fin de que
podamos ver, oír, entender y recordar, tal como los apóstoles
tienen que haber hecho durante la última cena con él.

2. Participación

Jesús hizo más que tomar y partir el pan, y tomar el vino y ver-
terlo, diciendo 'este es mi cuerpo, esta es mi sangre'; también
entregó los elementos a los apóstoles, diciendo 'tomen, coman
y beban'. Por lo tanto, no eran sólo espectadores de lo que se
hacía (que veían y oían), sino participantes activos (comieron
y bebieron). De la misma manera, hoy la cena del Señor es más
que una 'conmemoración' mediante la cual recordamos un
acontecimiento del pasado; es una 'comunión', mediante la cual
compartimos sus beneficios actuales. Este era el énfasis que
quería darle el apóstol Pablo cuando escribió: 'Esa copa de bendición por la cual damos gracias, ¿no significa que entramos en
comunión con la sangre de Cristo? Ese pan que partimos, ¿no
significa que entramos en comunión con el cuerpo de Cristo?'
(1 Corintios 10.16).

De esto se desprende claramente que, en algún sentido, en
el acto de la comunión 'participamos' en el cuerpo y la sangre
de Cristo. Pero entonces nos enfrentamos a dos interrogantes.
Primero, ¿*en qué* participamos en realidad? Segundo, ¿*cómo*
participamos?

Primero, *¿en qué* participamos en la cena del Señor según los propósitos de Dios? La respuesta es 'en el cuerpo y la sangre de Cristo'. Pero, ¿qué significa esto? Significa la muerte de Cristo Jesús, junto con los beneficios que él obtuvo para nosotros mediante su muerte. Es importante tener claridad en cuanto a esto, porque algunas personas enseñan que 'el cuerpo y la sangre de Cristo' significa su vida, no su muerte. Puesto que nuestro cuerpo es el instrumento de nuestra personalidad, argumentan, y puesto que nuestra sangre es la portadora del oxígeno que permite la vida, el cuerpo y la sangre de Cristo juntos simbolizan su personalidad viviente, y es esto lo que recibimos en el acto de la comunión. Pero no fue esto lo que Jesús mismo dijo. Él habló de su cuerpo no como vivió en Palestina sino como fue 'entregado' en la cruz, y de su sangre no como fluía por sus venas cuando vivía sino como fue 'derramada' en su muerte expiatoria. Así, 'el cuerpo y la sangre de Cristo' es una figura de lenguaje sobre los beneficios de su muerte, no sobre el poder de su vida.

La santa cena y el bautismo son medios de gracia, principalmente, porque son medios para estimular la fe.

Segundo, *¿cómo* participamos en el cuerpo y la sangre de Cristo? La respuesta católica a esta pregunta es que la 'realidad interna' del pan y el vino se convierte en el cuerpo y la sangre de Cristo (tradicionalmente llamada 'transubstanciación'), de manera que comer y beber los elementos es de hecho participar de Cristo. Las iglesias luteranas enseñan la 'consubstanciación', que es algo similar. Pero, en general, las iglesias protestantes sostienen que así como al comer el pan y beber el vino los incorporamos en nuestro cuerpo y los asimilamos, de la misma manera, por fe nos alimentamos del Cristo crucificado en nuestro corazón y lo hacemos nuestro. En los 'Artículos anglicanos', por ejemplo, el artículo 28 declara que la transubstanciación no puede demostrarse por las Escrituras, y que destruye el carácter del acto al confundir el signo con aquello que significa. El artículo 29 dice que quienes carecen de una fe viva, aun cuando reciban la santa cena, 'de ninguna manera son participantes de Cristo'. Por lo tanto, si no es por medio del comer y beber que recibimos a Cristo, ¿cómo es? Es por fe, de lo cual el comer y beber constituye una gráfica figura. De modo que, para volver al artículo 28, el mismo afirma que quienes 'correctamente, dignamente y con fe' reciben la cena del Señor, también participan del cuerpo y la sangre de Cristo, y que 'el medio por el cual el cuerpo de Cristo es recibido y comido en la Cena es la fe'.

Como vimos en un capítulo anterior, la santa cena y el bautismo nos han sido dados con el fin de estimular la fe. De hecho, son los medios de gracia, principalmente, porque son medios para estimular la fe. Y la cena del Señor es un medio para estimular la fe porque ofrece en dramático simbolismo visual las buenas noticias de que Cristo murió por nuestros pecados con el fin de que pudiésemos ser perdonados. Hugh Latimer, el gran predicador de la Reforma, explicó dicho simbolismo durante su juicio en Oxford, antes de ir a la hoguera:

> Hay un cambio en el pan y el vino, un cambio tal
> que ningún poder sino la omnipotencia de Dios
> puede lograr, en que aquello que antes era pan ahora
> tenga la dignidad de exhibir el cuerpo de Cristo.
> Y no obstante, el pan sigue siendo pan, y el vino sigue
> siendo vino. Porque el cambio no es en su naturaleza
> sino en su dignidad.[20]

A esto se le llama a veces 'transignificación', a diferencia de la 'transubstanciación', porque el cambio de que se trata es de significación, no de sustancia. Como el oficiante ofrece el pan y el vino a nuestro cuerpo, así Cristo ofrece su cuerpo y sangre a nuestra alma. Nuestra fe se proyecta más allá de los símbolos a la realidad que representan, y así como tomamos el pan y el vino, y nos alimentamos con ellos al comer y beber, así también en nuestro corazón nos alimentamos con el Cristo crucificado por la fe. El paralelo es tan marcado, y las palabras de administración tan personales, que el momento de la recepción representa para muchos participantes un encuentro de fe directo con Jesucristo. Así fue, por ejemplo, en el caso de la madre de Juan Wesley, Susana, un poco más de un año después de la conversión de su hijo. Cuando se le entregó la copa oyó decir al ministro, 'la sangre de nuestro Señor Jesucristo, que fue entregada por ti', y en ese momento, 'las palabras traspasaron mi corazón, y supe que Dios por amor a Cristo había perdonado todos mis pecados'.[21]

3. Confraternidad

Cinco veces en 1 Corintios 11, en el espacio de dieciocho versículos, el apóstol Pablo usa el verbo 'reunir(se)' en relación con la cena del Señor. Parecería haber considerado que se trataba de la reunión principal del pueblo de Dios en el día del Señor. Este 'reunirse' o 'congregarse' debería facilitarse mediante la disposición de los muebles para la comunión. En la iglesia anglicana, por ejemplo, en 1662 se estipuló que la mesa de la comunión estuviera ubicada en el centro de la iglesia o en el presbiterio. Se esperaba que la congregación se arrodillase o ubicase alrededor de ella, como una familia reunida para comer. Lamentablemente, más tarde se decidió que las mesas de la comunión (en parte porque no siempre se las trataba con el debido respeto) debían ser colocadas contra el muro oriental del presbiterio y protegidas por una baranda. En años recientes, sin embargo, muchas iglesias han sido reestructuradas de tal forma que, para la comunión, la mesa se traslada a la nave y los presentes pueden reunirse alrededor de ella. Mientras estamos de pie o arrodillados alrededor de la mesa, hombres y mujeres, padres e hijos, de diferentes trasfondos raciales y sociales, expresamos y experimentamos la indiferenciada unidad en Cristo.

Esto es lo que demuestra el partimiento del pan. No se trata solamente de que por siglos, en la cultura del Medio Oriente, 'partir el pan juntos' sea la forma en que la gente confirma y cimienta con sus compromisos mutuos. Se trata, también, de que el pan que comemos simboliza el carácter y los medios de nuestra unidad. 'Hay un solo pan del cual todos participamos', escribió Pablo, 'por eso, aunque somos muchos, formamos un solo cuerpo' (1 Corintios 10.17). Cada creyente recibe, así, un fragmento del mismo pan, porque cada cual es miembro del mismo cuerpo, el cuerpo de Cristo, la iglesia. Más todavía, dado que la hogaza de pan es emblema de nuestro Salvador crucificado, es justamente la participación conjunta en él, en Cristo (cosa que se deja ver visiblemente en la común participación en ese pan), lo que nos hace uno.

La cena del Señor, que es la comida de comunión de la iglesia en la tierra, es, además, un anticipo de la fiesta celestial. Pablo nos dice que, toda vez que comemos el pan y bebemos de la copa, '[proclamamos] la muerte del Señor hasta que él venga' (1 Corintios 11.26). Porque cuando él venga, consumará su reino, y el símbolo cederá su lugar a la realidad misma.

4. Acción de gracias

El vocablo 'eucaristía' (*eujaristia* es la palabra griega para acción de gracias) se usó desde muy temprano como nombre para la cena del Señor, y se vuelve a usar crecientemente en nuestros días. Por cierto que dicho servicio es ocasión propicia para darle gracias a Dios por toda su misericordia, manifestada en la creación y la providencia, como así también en la redención. Al mismo tiempo, como hemos visto, es la muerte de Cristo aquello en lo cual debemos concentrarnos, por cuanto es este hecho el que nos habla por medio de ambos elementos. No son símbolos de *nuestras* obras (aunque el pan y el vino los preparan seres humanos con trigo y uvas), sino de la obra *de Cristo* (la entrega de su cuerpo y el derramamiento de su sangre en la cruz). Por lo tanto, el enfoque que debe tener nuestra acción de gracias en la eucaristía es el maravilloso amor de Dios por nosotros manifestado en la muerte de su Hijo en lugar de nosotros, y en la salvación que nos ha procurado como consecuencia de ella.

Es en este sentido que la cena del Señor es, o más bien incluye, un 'sacrificio'. En el curso del servicio le pedimos a Dios que acepte 'este nuestro sacrificio de alabanza y acción de gracias'. Personalmente confieso que, cuando estaba todavía en la escuela, solía pensar que la celebración de la santa comunión era un 'sacrificio' porque se llevaba a cabo a las ocho de la mañana del domingo, y me parecía un sacrificio considerable tener que levantarme tan temprano con el fin de asistir a ella.

¿Qué es lo que significa, entonces, 'el sacrificio eucarístico'? ¿En qué sentido puede considerarse que la eucaristía es un sacrificio o una ofrenda? La respuesta católica tradicional es que se trata de una ofrenda de Cristo a Dios. Durante la tercera reunión del Concilio de Trento (1562–63) se sostuvo que en el sacrificio de la misa 'el mismo Cristo está contenido y es inmolado incruentamente, aquel que una vez se ofreció a sí mismo cruentamente en la cruz, y ... que este sacrificio es propiciatorio ....'[22] Esta noción, de que en el altar de la misa Cristo es ofrecido a Dios como sacrificio propiciatorio por los pecados, fue rechazada por los reformadores, porque la veían como una forma de desdeñar el sacrificio único y enteramente satisfactorio de Cristo en la cruz. Así que, con el fin de ser consecuentes, evitaron todo uso de la palabra 'altar', y la reemplazaron por 'la santa mesa', 'la mesa del Señor' o simplemente 'la mesa'. Cierto es que en algunos contextos hoy en día la palabra 'altar' ha perdido su significado original de lugar de sacrificio, como cuando en una campaña evangelística se habla del 'llamado al altar', o cuando un hombre se refiere a su casamiento expresando que 'lleva al altar' a su novia. No obstante, las palabras y sus significados tienen importancia. En el contexto de la cena del Señor es indudable que es más sabio usar 'mesa' en lugar de 'altar', con el fin de mostrar que creemos que el servicio es una cena, no un sacrificio. Porque nosotros participamos en el sacrificio de

Cristo sólo en el sentido de que compartimos los beneficios, no en el sentido de que compartimos la ofrenda del mismo.[23]

¿Cuál es, entonces, la relación entre el sacrificio de Cristo y nosotros? Es múltiple. Rememoramos su sacrificio con agradecida adoración. Por fe participamos de los beneficios salvíficos. Disfrutamos entre nosotros de la comunión que dicho sacrificio ha hecho posible. Y como respuesta nos ofrecemos a Dios en sacrificio de renunciamiento. Pero no compartimos la ofrenda o sacrificio que Cristo hizo de sí mismo, ni podemos hacerlo. Sugerir esto es confundir lo que ha de permanecer claramente diferenciado, a saber, su ofrenda y la nuestra, 'la perfecta y la contaminada, la expiatoria y la eucarística, la iniciativa divina y la respuesta humana.'[24]

La estructura del servicio

Diversas denominaciones han desarrollado sus propias tradiciones para la celebración y administración de la cena del Señor, siendo algunas más complejas de otras. Casi todas tienen un esquema básico similar. Sea que se reconozca esto conscientemente o no, el servicio generalmente se divide en tres partes que comúnmente se denominan 'ante-comunión' (la preparación de la congregación), 'comunión' (la oración eucarística o acción de gracias por el pan y el vino, seguida de la distribución de los elementos) y 'pos-comunión' (la oración final y la despedida de los feligreses). En las iglesias que tienen un orden de culto más formal esta estructura tiende a desarrollarse como sigue.

1. La ante-comunión

Este es el espacio durante el cual se alienta a los pecadores a acercarse a la mesa del Señor. Más allá de las formas que enfatizan más la penitencia o la celebración, la pregunta crucial es: '¿Qué se requiere de los que se acercan a la cena del Señor?' Y la respuesta: 'Examinarse a sí mismos, a fin de determinar si se *arrepienten* verdaderamente de sus pecados anteriores, proponiéndose llevar firmemente una vida nueva; evidenciar una *fe* viva en la misericordia de Dios a través de Cristo, con agradecida rememoración de su muerte; y vivir la *caridad* para con todos los hombres.'[25] El arrepentimiento, la fe y el amor se expresan así como las condiciones para acercarse a la mesa de la comunión, y la ante-comunión nos ofrece una oportunidad para cumplirlas públicamente.

El recitado regular de los Diez Mandamientos es algo muy deseable en nuestros días, porque la ley de Dios es poco conocida y bastante despreciada. Por lo menos es preciso que escuchemos la síntesis de la misma hecha por Cristo en los dos mandamientos de amar a Dios y al prójimo. Porque es la ley la que revela y condena nuestro pecado, y de este modo nos llama al arrepentimiento. Luego, si la ley nos lleva al arrepentimiento, el evangelio nos conduce hacia la fe. De manera que a continuación corresponde realizar la lectura de pasajes de una Epístola y de un Evangelio, y a menudo en estos días alguna lectura del Antiguo Testamento también, seguido todo por un sermón. En ciertas iglesias a esto le sigue la lectura en voz alta del Credo Niceno, que es la respuesta de la fe a la palabra de Dios leída y explicada.

No basta con estar en buena relación con Dios en penitencia y fe, sin embargo, si no estamos al mismo tiempo en la debida relación con nuestros semejantes, varones y mujeres. Por consiguiente el amor completa el trío. Este amor se expresa en la intercesión por otros, en las ofrendas (ya que es costumbre en muchas iglesias que se destinen las ofrendas del servicio de comunión para los necesitados), y particularmente en los saludos de la paz. Saludarnos unos a otros con 'un beso santo' (2 Corintios 13.12; 1 Tesalonicenses 5.26) o 'un beso de amor fraternal' (1 Pedro 5.14) fue lo que indicaron los apóstoles Pablo y Pedro respectivamente. Su reciente recuperación en muchas iglesias en todo el mundo (valiéndose de cualquier abrazo o apretón de manos apropiados según cada cultura) es algo sumamente auspicioso, siempre que pueda mantenerse como un auténtico gesto de reconciliación en Cristo.

Después de esta expresión de arrepentimiento, fe y amor, en el servicio del 'Libro de oración' de 1662 el ministro pronunciaba la exhortación: 'Vosotros los que verdadera y sinceramente os arrepentís de vuestros pecados, estáis en *amor* y caridad con vuestros prójimos, … acercaos con *fe* …'. Echo de menos estas palabras o su equivalente en nuestros días cuando faltan, porque tienen el buen efecto de 'cercar la mesa' (como lo expresan los presbiterianos), es decir, de poner en claro las condiciones para recibir la comunión. Naturalmente que la mesa del Señor está abierta a los pecadores (de otro modo, ¿quién de nosotros podría acercarse a ella?), pero son los pecadores *penitentes* los que pueden acercarse a ella confiadamente.

2. La comunión

Inmediatamente antes de la distribución de los elementos viene lo que Cranmer llamaba 'la oración de consagración' y lo que hoy se conoce generalmente como 'la acción de gracias' o 'la oración eucarística'. La bella oración de Cranmer comenzaba con una compleja afirmación de la 'tierna misericordia' de Dios en el don de su Hijo para que muriese en la cruz, 'quien hizo allí (por una única ofrenda de sí mismo, hecha una sola vez) un sacrificio, oblación y satisfacción total, perfecta y suficiente por los pecados de todo el mundo'. El estilo podría denominarse 'ampuloso' por los que siempre encuentran defectos, pero por lo menos nadie podía escuchar esta afirmación domingo tras domingo sin comprender el carácter final y suficiente del sacrificio expiatorio de Cristo. Luego, Cranmer ofrecía una oración para que los que iban a recibir el pan y el vino también pudiesen participar del cuerpo y la sangre de Cristo, y concluía con el relato de la institución de la Cena, en el que el oficiante repetía las palabras y acciones de Cristo, y de esta manera consagraba los elementos para su uso especial en la comunión.

Algunos ordenan sus cultos según un esquema diferente. Toman en cuenta las cuatro acciones sucesivas de Jesús en el aposento alto. Primero, 'tomó' el pan y el vino en sus manos. Segundo, 'dio gracias'. Tercero, 'partió' el pan en pedazos. Cuarto, 'entregó' los elementos a los apóstoles ubicados alrededor de él. Este arreglo cuádruplo todavía se usa hoy. El que preside en la mesa toma primeramente el pan y la copa en sus manos. A continuación, da gracias dirigiendo a la congregación en la 'oración de acción de gracias'. Esta oración puede con provecho abarcar la creación, la encarnación, la crucifixión, la resurrección, la exaltación y el don del Espíritu, si bien en mi opinión el énfasis del propio Señor en la centralidad de la cruz no siempre se acentúa suficientemente. En tercer lugar, el que preside rompe el pan, que se considera que ha sido consagrado por la oración de acción de gracias, e intercambia palabras con la congregación que retoman las palabras de 1 Corintios 10.16–17. Cuarto, comparte los elementos con los presentes, generalmente con la ayuda de otros miembros para la distribución.

3. La pos-comunión

Cranmer tenía una conclusión bastante compleja para su servicio, que consistía en el Padre Nuestro, una de las dos oraciones de renunciamiento propio, el Gloria y la Bendición. Casi todos concuerdan en que todo esto es demasiado largo, y algunos llegan a considerar que obra como anticlímax. Su gran valor, no obstante, está en que la primera oración, que le pide a Dios 'que acepte este nuestro sacrificio de alabanza y acción de gracias', está separada deliberadamente de la oración de consagración y, más aun, viene después de la recepción de los elementos. De esta manera queda en claro, más allá de toda posibilidad de duda, que nuestro sacrificio es una agradecida respuesta a la de Cristo y que en ningún sentido forma parte del mismo.

Las liturgias modernas, en contraste con Cranmer, tienden a considerar la comunión misma como la culminación del servicio, y por consiguiente abrevian la conclusión. En algunas consiste en una sola oración y una bendición. Siendo así, la oración debería combinar una acción de gracias por el cuerpo y la sangre de Cristo, una ofrenda de nosotros mismos como sacrificio vivo, y una oración para que seamos enviados al mundo a vivir para su gloria. Sigue luego la bendición, juntamente con las palabras de despedida: 'Id en paz a amar y servir al Señor.'

Guía de estudio 9
La cena del Señor

Elementos básicos

Preguntas

1. ¿Qué te parece lo más valioso de la cena del Señor? ¿Cómo podrías sacar más provecho de ella?

2. ¿Qué es lo que más te gusta y lo que menos te gusta de la comunión entre los miembros de la iglesia? ¿En qué forma podrías hacer algo positivo en cuanto a lo que menos te gusta, sin perturbar a otros?

Una promesa

La fidelidad de Dios: Josué 1.9; Isaías 41.10.

Oraciones

Por la iglesia local: la oración número 11 en la página 227.

Por un creciente aprecio de la cena del Señor: la oración número 12 en la página 227.

Elementos adicionales

Estudio bíblico

Lucas 22.7–32.

En grupo

Por turno cada cual complete la oración: 'Dos de las cosas que más aprecio de este grupo son…'

¿Hasta qué punto esas cosas buenas se reflejan en la comunión de la iglesia entera?

¿Qué podrían hacer para que esas virtudes se hagan más reales en la iglesia?

Aplicación Concurre a un servicio de la cena tan pronto como te sea posible. Si estás en un grupo, podrían hacerlo juntos.

Comprobación ¿Eres un miembro comprometido de una iglesia local, y participas en la celebración de la cena del Señor (o te estás preparando para ello)?

Lecturas adicionales sugeridas 'Cena del Señor', R. P. Martin, en *Nuevo Diccionario Bíblico Certeza*, Certeza Unida.

'La comunidad de los celebrantes', capítulo 10 de *La cruz de Cristo*, John Stott, Certeza Unida.

10
El servicio para Cristo

En el Nuevo Testamento se nos

presenta a Jesucristo como el siervo, en realidad como el siervo por excelencia, 'el siervo del Señor', el cumplimiento pleno de los pasajes sobre el siervo en Isaías 42–53. Jesús mismo dijo 'ni aun el Hijo del hombre vino para que le sirvan, sino para servir' (Marcos 10.45), y también, 'yo estoy entre ustedes como uno que sirve' (Lucas 22.27). Aun más, en los Evangelios lo vemos sirviendo a Dios cuando servía a otros. Predicaba, enseñaba y sanaba. Alimentaba a los hambrientos. Lavó los pies de sus discípulos. Ningún servicio le resultaba demasiado humilde o demasiado exigente como para llevarlo a cabo. Como dijo Pablo más tarde, 'se rebajó voluntariamente, tomando la naturaleza de siervo' (Filipenses 2.7).

Ahora Jesús nos llama a nosotros a seguir en sus pasos, a imitarle, e incluso a desarrollar los ideales de servicio que él inició. Porque esta es la comisión que nos dejó: 'Como el Padre me envió a mí, así yo los envío a ustedes' (Juan 20.21; comparar 17.18). En esto, como en todo lo demás, él ha de ser nuestro modelo. Hemos de entregar nuestra vida en servicio, así como él entregó la suya. En primer lugar, somos *sus* siervos, así como él era el siervo del Señor. Pablo, Pedro, Santiago y Judas no titubearon en comenzar sus cartas designándose 'siervos de Jesucristo'. Sabían que él los había comprado, y que en consecuencia eran posesión suya, y que por ello debían estar a su disposición. En segundo lugar, la forma principal de servirle es servir a otros. 'Aunque soy libre respecto a todos', podía escribir Pablo, 'de todos me he hecho esclavo' (1 Corintios 9.19). Somos doblemente siervos, porque proclamamos 'a Jesucristo como Señor' y 'nosotros no somos más que servidores de ustedes' (2 Corintios 4.5).

Testimonio y servicio

Ahora bien, ¿qué forma ha de adoptar nuestro servicio? Quiero presentar un concepto mucho más amplio y pleno de servicio cristiano que el que usualmente se considera entre nosotros. Las palabras 'servicio' y 'ministerio' son ambas traducciones del mismo vocablo griego *diakonia*. Cierto es que la expresión 'ministerio' se aplica con frecuencia a quienes han sido ordenados. Pero el ministerio cristiano es algo que cumplen tanto laicos como pastores, y tanto en la sociedad general como en la iglesia. De hecho, se trata de una palabra inclusiva para toda clase de servicio realizado en el nombre de Cristo. Primero, hay diferentes *formas* de ministerio, en respuesta a diferentes necesidades. Dado que el prójimo a quien hemos de amar y servir es una persona (cuerpo y alma) en el seno de una comunidad, tenemos que ocuparnos de su bienestar total: físico, espiritual, y sociopolítico. Todos estos aspectos pueden constituir ministerio cristiano.

Nuestra preocupación prioritaria es el bienestar espiritual eterno de la gente, es decir, que conozcan a Cristo como su Salvador y Señor. Todos hemos sido llamados a dar testimonio de él cada vez que se nos presente una oportunidad adecuada. Pero también debe preocuparnos el bienestar material del prójimo, como aprendemos por la parábola del buen samaritano. No hay necesidad de optar entre evangelización y responsabilidad social. Hacerlo refleja un dualismo entre cuerpo y alma, entre este mundo y el próximo, algo que la Biblia no enseña. Hemos sido llamados a dar testimonio como también a servir; ambos aspectos forman parte de nuestro ministerio y misión cristianos.

Segundo, hay diferentes *tipos* de ministerio, determinados por el don particular y el llamado que cada persona reciba. El siervo puede servir por medio de sus oraciones, sus dones, sus intereses y estudios, su capacidad para alentar a otros, o por una activa participación personal en diversas tareas.

Tercero, hay diferentes *esferas* de ministerio, según el lugar en el cual Dios nos haya colocado, comenzando con nuestra propia casa y lugar de trabajo, siguiendo con la iglesia local y el vecindario más próximo, y culminando con las necesidades del mundo en general. Un ministerio verdaderamente integral incluye estos tres aspectos. Obviamente Dios nos llama a especializarnos según nuestra vocación particular, nuestros dones, intereses y oportunidades. No obstante, el ministerio cristiano se relaciona con personas completas que sirven a personas completas en un mundo completo.

En este capítulo voy a concentrarme en las diversas esferas del ministerio cristiano, sin olvidar sus diferentes formas y tipos. Estas esferas constituyen cinco círculos concéntricos, que se irradian de nuestro 'centro' personal formado por la casa o familia y el trabajo, hacia la iglesia y el vecindario, hasta alcanzar el mundo todo.

El ministerio cristiano en el hogar

Según la Biblia el matrimonio es una institución divina, no humana, y 'Dios da un hogar a los desamparados' (Salmo 68.6). En efecto, hay un énfasis decidido en las Escrituras en el deseo de Dios de que las personas cuenten con vida de familia estable, alentadora, amorosa y enriquecedora. Su ideal es que comencemos la vida en el seno de una familia, y que crezcamos en relación con nuestros padres y los hermanos y hermanas que pudiéramos tener, hasta que (de conformidad con el propósito general de Dios) nos casemos y tengamos una familia propia. En cada etapa tenemos una responsabilidad dada por Dios para con todos los demás miembros de nuestra familia. La gente joven no debería tratar su hogar como un hotel, aun cuando desde luego deben tener libertad para desarrollar intereses externos al mismo. Los padres no deberían nunca preocuparse tanto por su carrera o su iglesia, sus tareas comunitarias o sus formas de entretenimiento, al punto que sus hijos (o su pareja) se sientan desplazados a un segundo lugar. El libro de Proverbios tiene mucho que decir acerca de la responsabilidad paternal en la formación de los hijos.

Hay tantas cosas en el mundo occidental moderno que contribuyen a desintegrar las familias (particularmente el divorcio y el abuso de niños) que es preciso tomar acciones positivas para mantener unida la familia. No permitamos que la televisión desplace las actividades de la familia, ya sean salidas, deportes, música, teatro, juegos o la lectura en voz alta. Cuando los hijos comiencen a irse del hogar, procuremos mantener contacto por carta, visitas o llamadas telefónicas. Luego, cuando los padres queden solos, y sean ancianos, saben que no serán olvidados. Si uno o dos miembros de la familia son cristianos, mientras que otros no lo son, seguramente anhelarán presentarles a Cristo; no predicando sermones, sino mediante sus oraciones específicas y mediante un comportamiento correcto y generoso, en tanto esperan la oportunidad para hablar con humildad y naturalidad acerca de Cristo.

El ministerio cristiano es más amplio que esto, pero es una verdad indiscutible que 'la caridad comienza por casa'.

El ministerio cristiano en el trabajo

El lugar de trabajo es la segunda esfera en la que somos llamados a servir, a ejercer un ministerio cristiano. Algunos creyentes entienden esto como evangelización. Es decir, ven su trabajo principalmente como una oportunidad de dar testimonio a sus colegas o compañeros de tareas. Lo es, por cierto, especialmente si esa persona es la única que profesa la fe cristiana en el negocio o en la fábrica, y siempre que su testimonio esté respaldado por la calidad de su trabajo. Pero nuestras actividades cotidianas tienen su propio valor como formas de ministerio cristiano, independientemente de la evangelización. Nos hace falta una filosofía cristiana del trabajo.

Comencemos en Génesis 1, donde Dios se representa a sí mismo como un trabajador consciente, creativo, diligente y responsable. Habiendo hecho el mundo, sigue supervisándolo, sosteniéndolo y renovándolo. Luego, cuando creó los seres humanos a su propia imagen, los hizo trabajadores creativos también. Tener presente que cuando trabajamos somos *semejantes a Dios* agrega honor y dignidad a nuestras labores. El trabajo que hacemos adquiere mayor importancia todavía porque nos permite beneficiar a otros, podemos ganarnos la vida y así sostener a nuestra familia y ayudar a los necesitados, y también contribuye al bien común.

Hay, no obstante, una visión más elevada del trabajo. Dios quiere que lo veamos como una mayordomía encargada por él, incluso como una sociedad integrada con él, para la que él nos ha designado. Él hizo la tierra, y luego les dijo a los seres humanos que la subyugaran y la gobernaran (Génesis 1.26–28). Dios plantó un huerto, y luego puso a Adán allí para cultivarlo y cuidarlo (Génesis 2.8, 15). Tanto en sentido global (la tierra) como local (el huerto), regía el mismo principio de la mayordomía. Dios nos delegó la responsabilidad de proteger el ambiente y desarrollar sus recursos. No somos, entonces, simplemente administradores de la propiedad de Dios. Él se ha humillado al punto de solicitar nuestra cooperación en una genuina sociedad. Él crea; nosotros cultivamos. Él planta; nosotros desarrollamos. Lo que él da se llama 'la naturaleza'; lo que contribuimos nosotros se denomina 'cultura'. La cultura es imposible sin la naturaleza, ya que no tendríamos nada que cultivar si Dios no hubiese provisto esta última. Pero, igualmente, la naturaleza tiene valor limitado sin la cultura, por cuanto Dios nos ha provisto de materia prima y ha dejado en nuestras manos su conversión en productos necesarios.

Todo trabajo honroso, sea manual o intelectual (o ambas cosas), sea asalariado o voluntario, por humilde o insignificante que sea, tiene que ser visto por los cristianos como una forma de cooperación con Dios, en la que compartimos con él la transformación del mundo que él hizo y entregó a nuestro cuidado. Esto se aplica por igual a la industria, al comercio, a los servicios públicos, a las profesiones, al trabajo de ama de casa y a la maternidad de tiempo completo. El gran mal del desempleo es que a algunas personas se les niega este privilegio. En cuanto a la forma particular que ha de adoptar la sociedad que integramos con Dios (es decir, qué carrera seguir, qué trabajo realizar), dependerá más que ninguna otra cosa de nuestro temperamento y nuestros talentos, de nuestra educación y preparación. Procuremos esforzarnos por llevar a feliz término nuestro servicio para Dios, a fin de que todo lo que seamos y tengamos se haga efectivo, y no se frustre.

El ministerio cristiano en la iglesia

Cuando la gente habla acerca del 'ministerio' cristiano, es muy probable que esté pensando acerca de tareas en la iglesia, es decir, en servicio realizado en la iglesia y para ella, y en particular en las actividades de los pastores. Pero el ministerio no está limitado a los pastores y a las iglesias, como hemos visto. Por supuesto, la iglesia local es una importante esfera de ministerio cristiano. Todos los cristianos deberían ser miembros de alguna iglesia, y todos los miembros de iglesias deberían ser activos, y cumplir servicios para su iglesia.

Hay, desde luego, muchas tareas voluntarias que en toda iglesia dependen de un noble grupo de héroes y heroínas (con frecuencia no muy apreciados). Estoy pensando en buenas obras tales como limpiar la iglesia, arreglar las flores, hacer cosas y remendar otras, lavar la vajilla, escribir sobres y despachar cartas, ayudar a la gente a ubicarse en los asientos, contar y llevar al banco las ofrendas, llevar los libros, cantar en el coro, tocar en la orquesta, leer las lecturas bíblicas, enseñar en la escuela dominical, dirigir el grupo juvenil y colaborar en las comisiones de la iglesia. Estas tareas y otras son vitales para el buen funcionamiento de toda iglesia.

Lo triste es que comúnmente la visión de las tareas para los laicos termina allí. La razón es que a menudo se hace una división demasiado rígida entre los pastores y los laicos, con una distinción entre el ministerio 'pastoral' (o sea lo que compete a los pastores) y el servicio 'práctico' (las cosas que pueden hacer lo laicos). Ahora bien: es cierto que en el Nuevo Testamento el papel principal del pastor radica en la enseñanza, que incluye la predicación, el aconsejamiento de personas individuales, y la preparación de grupos. Pero los ministerios 'pastorales' pueden perfectamente ser compartidos con laicos con dones, preparados y comisionados para cumplir esas responsabilidades. Muchas iglesias tienen 'ancianos' y 'diáconos', que trabajan en íntima cooperación con los pastores. A veces predican y dirigen cultos, colaboran en la celebración de la cena del Señor, visitan, aconsejan, son líderes de grupos de comunión, preparan a otros para el bautismo y el ingreso como miembros de la iglesia, preparan parejas para el casamiento, y supervisan diversos departamentos necesarios para el desenvolvimiento de la iglesia.

Es un error, por consiguiente, hacer referencia al pastorado como 'el ministerio', porque da la impresión de que no hay ningún otro. La verdad es que hay cientos de ministerios cristianos diferentes en la iglesia y en la comunidad. Por cierto que es un privilegio muy especial ser llamado al ministerio pastoral ordenado. Es una 'noble función', afirma Pablo en 1 Timoteo 3.1, dado que los pastores son 'obispos para pastorear la iglesia de Dios, que él adquirió con su propia sangre' (Hechos 20.28). Pero no debemos colocar a los pastores sobre un pedestal. Tampoco deben colocarse allí los propios pastores. Más bien deberíamos reconocer los diversos dones que Dios da a su pueblo, y formar un equipo de líderes en la iglesia local integrado por pastores y laicos, hombres y mujeres, asalariados y voluntarios, jóvenes y viejos, cuyos dones se aprovechan para la edificación de la iglesia.

El ministerio cristiano en el vecindario

Además del hogar y el trabajo, los cristianos pertenecen a dos comunidades particulares: su iglesia local (que acabamos de considerar) y su vecindario inmediato. Es adecuado que haya alguna superposición geográfica entre ellas, lo cual ocurre si vivimos en o cerca de la zona donde se ubica nuestra iglesia. El 'cristianismo viajero' (el que supone viajar grandes distancias para ir a la iglesia los domingos) es inevitable en algunas situaciones, pero tiene la seria desventaja de separar la vida de iglesia del hogar y el vecindario.

Todos los discípulos de Jesús hemos sido '[enviados] al mundo' por él (Juan 17.18). ¿Cuál es, por consiguiente, el 'mundo' al que nos ha enviado? ¿Y para qué fin nos ha enviado allí? 'El mundo' no significa necesariamente el planeta tierra, aunque es cierto que tenemos una responsabilidad global, y la vamos a considerar en la sección siguiente. Significa más bien cualquier parte de la comunidad humana, cercana o lejana, que no conoce ni honra a Dios. En la Biblia, y especialmente en los escritos de Juan, 'el mundo' generalmente significa lo que llamamos 'la sociedad secular', no cristiana. Allí nos envía Jesús. No tenemos libertad para mantenernos en la seguridad de los edificios de la iglesia, ni en la agradable atmósfera de la fraternidad que ella nos ofrece. Naturalmente que si nuestro lugar de trabajo es un entorno no cristiano, en la práctica ya vamos 'al mundo' todos los días. Y lo mismo puede aplicarse al hogar y la familia.

Sal y luz

Pero, ¿por qué manda Jesús a sus seguidores ir al mundo? La razón que dio en el Sermón del Monte es que quiere que seamos tanto 'sal' como 'luz' (Mateo 5.13–16). Ambas comparaciones indican que los cristianos han de saturar la sociedad no cristiana, así como la sal se difunde por la carne y la luz brilla en la oscuridad. Ambas metáforas enseñan que Cristo espera que ejerzamos influencia y cambiemos la sociedad, así como la sal inhibe la descomposición bacteriana, y la luz reduce y hasta desaloja las tinieblas. Juntas estas metáforas ilustran la misión de la iglesia. Como sal, debemos mantener con tal firmeza los valores y las normas del reino de Cristo que ayudemos a impedir el deterioro social. Y nuestra luz (que es la luz de Cristo y su evangelio) debe brillar de tal manera que por medio de nuestras palabras y obras la gente llegue a creer en él.

En esto está incluido nuestro vecindario inmediato. Un solo hogar cristiano que dé testimonio como tal con valentía puede ejercer una influencia enorme en el distrito. Y se espera que la iglesia local influya en la comunidad local, dando a conocer las buenas noticias de Jesucristo y también comprometiéndose en forma constructiva con la vida de la localidad. No podemos aceptar el privilegio de adorar en el templo y a la vez rechazar la responsabilidad de testificar en la comunidad. Es conveniente que cada iglesia tenga su 'comisión de avanzada', cuya tarea consiste en idear modos apropiados de hacer conocer las buenas nuevas de Cristo a los residentes del vecindario. Puede hacer visitas de casa en casa o distribuirlas en toda la zona de un mensaje apropiado para la época del año (por ejemplo navidad, pascua). Puede organizar algunas actividades centrales, ya sea en la iglesia o en otro edificio, a los que se pueda invitar a todos los residentes. Puede asegurar que pequeños grupos de miembros de la iglesia se ocupen de aspectos particulares de la vida de la comunidad local; por ejemplo, haciéndose miembros de un club o centro de recreación, aportando una dimensión cristiana a alguno de los servicios sociales, o procurando que la biblioteca pública tenga una sección adecuada destinada a libros cristianos.

No toda la participación tiene que ser organizada por la iglesia local. Habrá miembros individuales de la iglesia que tomarán sus propias iniciativas, en parte por esparcimiento propio, pero en parte también para cumplir un servicio. Es muy importante que haya cristianos conocidos que intervengan en el gobierno local, que formen parte de las comisiones y cooperadoras escolares, y que ofrezcan ayuda a alguno de los innumerables servicios que necesitan voluntarios. Hay muchas oportunidades en organizaciones cívicas, teléfonos que atienden emergencias, centros a los cuales pueden acudir jóvenes y adultos sin empleo, hospitales y hospicios, hogares para ancianos, cárceles o instituciones para menores con conflictos. También podemos integrar grupos que se ocupan del medio ambiente, o grupos que se responsabilizan de velar por los niveles morales y éticos de la comunidad y de proveer apoyo y cobertura para la gente joven en situaciones de riesgo.

El ministerio cristiano en nuestro mundo

En años recientes el movimiento ecologista ha popularizado el concepto de 'un solo mundo', o sea que el planeta tierra es como una nave espacial vulnerable, y que somos responsables de su cuidado y mantenimiento. Ya en la década de 1960 la distinguida economista Bárbara Ward hacía un llamado a desarrollar un sentido de 'comunidad planetaria y de compromiso planetario'. Nosotros los cristianos tendríamos que haber difundido y respaldado este concepto hace siglos, por cuanto la Biblia enseña claramente acerca de la unidad del planeta y de la raza humana. Todo ser humano es nuestro prójimo, por lo tanto, y su raza, nación, clase o lengua particular no influye sobre nuestra responsabilidad para con él. Es urgente que, en el nombre de Cristo, repudiemos todo estrecho espíritu localista, y que adoptemos en cambio una ciudadanía universal consciente. Los cristianos, como ciudadanos del mundo, estamos comprometidos tanto con la misión mundial como con una preocupación por cuestiones mundiales.

La misión mundial (a veces llamada evangelización mundial) no debe descartarse como la aventura o entretenimiento de unos cuantos fanáticos. Tampoco podemos descartarla para estar a tono con la tolerancia religiosa en nuestras sociedades crecientemente pluralistas. Por cierto que no; la evangelización del mundo forma parte de nuestra obediencia cristiana, porque fue el mismo Señor resucitado quien proclamó la Gran Comisión, cuando dijo 'vayan y hagan discípulos de todas las naciones' (Mateo 28.19). Es la expresión natural del amor de Dios, que le llevó a entregar a su propio Hijo por el mundo (Juan 3.16). Además, Dios ha 'super exaltado' a Jesús, asignándole el lugar de supremo honor, a su derecha, con el fin de que toda rodilla se doble ante él y toda lengua confiese que él es Señor (Filipenses 2.9–11). Si este es el deseo de Dios, debe ser el nuestro también. En consecuencia, Dios llama a algunos para ser mensajeros transculturales de las buenas noticias. 'Misioneros' es su título tradicional, si bien actualmente con frecuencia se les llama 'socios en la misión'; comparten la tarea de diseminar el evangelio por todo el mundo. Pero todos los cristianos, sin excepción, deberíamos contribuir en alguna forma a la misión mundial de la iglesia encomendada por Dios. La mejor manera es desarrollar un interés personal en una o dos misiones o misioneros en particular, con el fin de estar informados, leer sus informes, mantener correspondencia con ellos, y apoyarlos en forma habitual con nuestras oraciones y con nuestra sacrificada cooperación económica.

Nuestra preocupación por cuestiones mundiales demanda un compromiso con la paz, la justicia, y el medio ambiente. Dado que los problemas son tantos y tan variados, probablemente sea mejor elegir alguno de ellos según nuestros intereses personales y particulares, y procurar estar informados y comprometernos a colaborar de alguna manera. Quizá la mejor forma de hacerlo es vincularnos con algún grupo que se haya comprometido a estudiar y actuar en el aspecto que nos interesa, ya sea el hambre o la falta de techo, la desigualdad económica Norte–Sur, la ecología, el carácter sacrosanto de la vida humana, la armonía racial o los derechos humanos.

Esta breve visión panorámica de diversas esferas de servicio cristiano (el hogar y el trabajo, la iglesia, la comunidad y el mundo) puede resultar abrumadora. Cada uno de nosotros tiene tiempo limitado y energías limitadas.

Somos llamados a dar nuestra vida en servicio. A mí me alivia recordar el simple hecho de que todos no pueden hacer todo. Nadie debería intentarlo tampoco. Porque Dios está edificando su iglesia, y él llama a los diversos miembros de la misma a concentrarse en los diferentes ministerios. Todos tenemos un ministerio cristiano en el hogar y en el trabajo. Estas son responsabilidades que no podemos soslayar. Pero si invertimos el resto del tiempo de que disponemos en la iglesia local, en la comunidad local o en la atención de asuntos globales, o si dedicamos parte del tiempo a cada una de estas tareas, es asunto que cada cual ha de decidir a conciencia delante de Dios. Nuestros dones, personalidad, trasfondo, intereses y sentido de llamado nos ayudarán a discernir el propósito que tiene Dios para nosotros. Lo que está claro es que él nos llama a dar nuestra vida en servicio. Como dijo el apóstol Pablo: 'hagan lo que hagan, trabajen de buena gana, como para el Señor y no como para nadie en este mundo' (Colosenses 3.23).

Enséñame, mi Dios y Rey,
En todas las cosas a verte a ti;
Y lo que hago en cualquier cosa
Hacerlo como para ti.

Que todo participe de ti;
Nada pueda ser tan despreciable
Que, condicionado 'por amor a ti',
No se vuelva brillante y limpio.

Un siervo, con esta frase,
Hace divino lo fatigoso.
Quien barre un cuarto, como para ti,
Al cuarto y a la acción convierte en buenas.

Esta es la famosa piedra
Que todo lo convierte en oro;
Pues lo que toca Dios y hace suyo
No puede convertirse en menos.

George Herbert (1633)

Guía de estudio 10
El servicio para Cristo

Elementos básicos

Preguntas

1. ¿Cómo explicarías a un miembro no cristiano de tu familia que piensa que te estás volviendo un maniático religioso que el cristianismo es más que sólo 'ir a la iglesia los domingos y repetir oraciones'?

2. ¿En cuál de las cinco esferas de servicio bosquejadas en este capítulo consideras que eres más débil? ¿Cómo podrías fortalecer tu contribución en esta esfera?

3. ¿Cómo entiendes la frase: 'el servicio para él es libertad perfecta'? ¿Hasta qué punto has encontrado que es verdad?

Promesas

Sabiduría divina: Santiago 1.5.

Guía divina: Salmo 32.8–9.

Oraciones

¡Elige!

Por el trabajo cotidiano: la oración número 13 en la página 228.

Por el servicio para Dios: la oración número 14 en la página 228.

Por la paz, la justicia y el medio ambiente: la oración número 15 en la página 228.

Por la misión mundial de la iglesia: la oración número 16 en la página 229.

Elementos adicionales

Estudio bíblico

Romanos 12.1–13.

En grupo

¿Qué podrían hacer como grupo para completar y afianzar este curso juntos, y al mismo tiempo servir a otros? ¿Preparar una fiesta para sus familias o sus amigos no cristianos? ¿Hacer una obra de teatro informativa sobre el curso para alguna reunión de la iglesia? ¿Dirigir un servicio juntos, o llevar a cabo alguna actividad patrocinada para una causa buena?

Aplicación

Diseña una 'tarjeta personal' para tu uso, indicando (con no más de tres palabras cada vez) tu papel o función en cada una de las cinco esferas de servicio que hemos presentado. Entrega la tarjeta a alguna otra persona, y pídele que, en el curso de la próxima semana, ore por ti y por todo lo que haces.

Comprobación

¿En qué formas estás sirviendo a Cristo?

Lecturas adicionales sugeridas

Cómo compartir a Jesús, Juan Harrower, Certeza Argentina.

'Cómo ser una señal indicadora', capítulo 4 en *La lucha*, John White, Certeza Argentina.

Fuera del salero, Rebecca Manley Pipert, Certeza Unida.

Manual para iglesias que crecen, Fernando Mora, Certeza Argentina

Misión integral: René Padilla, Nueva Creación.

Renovación de la iglesia, Juan Driver, CLARA y Certeza Argentina.

Sermón del monte, contracultura cristiana, John Stott, Certeza Unida.

Te tomo la palabra, Gwendolyn Shepherd, Certeza Argentina.

Tu mensaje ¡llega!, James Engel, Certeza Unida.

Conclusión

Si te estás preparando para el bautismo o para ingresar como miembro de la iglesia, tu admisión (suponiendo que es todavía algo futuro) puede constituir un importante hito en tu vida, incluso un nuevo punto de partida, hacia el que siempre volverás la mirada con gratitud. Pero su significación para ti dependerá fundamentalmente del cuidado con el cual te hayas preparado.

Tengo grandes esperanzas de que, antes que llegue el día en que declares públicamente que te has arrepentido y acudido a Cristo, lo habrás hecho privadamente, abriéndole la puerta de tu corazón.

Luego, en los años que sigan, espero que desarrolles hábitos disciplinados de lectura bíblica diaria y oración, de asistencia al culto público de adoración y a la cena del Señor. Fortalecido por estos 'medios de gracia' podrás crecer en la fe, el amor, la santidad y el conocimiento, obedecer la voluntad de Dios y los mandamientos y dedicar tu vida a su servicio, cualquier sea la forma particular que este adquiera. Finalmente, creo que descubrirás, como lo he hecho yo, lo exacto que es el antiguo dicho de que 'el servicio para él es libertad perfecta'.

Algunas oraciones

Hay diversas maneras de orar. A la

mayoría de los cristianos les gusta orar en forma espontánea. A otros les ayuda componer y usar oraciones fijas. Menos frecuente, pero muy provechosa, es la colección y uso de oraciones escritas por hombres y mujeres de Dios en el pasado. Incluyo algunas de estas oraciones a continuación.

1. Para los que se preparan para el bautismo

Padre celestial, concede que mientras me preparo para ser bautizado, tenga claridad en cuanto a mi relación contigo, para que al ser bautizado profese mi fe con sinceridad y valentía, y tenga plena seguridad de que me has limpiado y que comienzo una vida nueva, por Jesucristo nuestro Señor.

2. Para el día del bautismo

Uno a mi persona hoy
El poder de Dios para sostener y dirigir,
Su ojo para vigilar, su poder para afianzar,
Su oído para escuchar mi necesidad;

La sabiduría de mi Dios para enseñar,
Su mano para guiar, su escudo para cuidar,
La palabra de Dios para darme su mensaje,
Su hueste celestial para protegerme.

Cristo sea conmigo, Cristo more en mí,
Cristo detrás de mí, Cristo delante de mí,
Cristo a mi lado, Cristo para ganarme,
Cristo para consolar y restaurarme,

Cristo debajo de mí, Cristo sobre mí,
Cristo en la quietud, Cristo en el peligro,
Cristo en el corazón de todos los que me aman,
Cristo en boca de amigos y extraños.

Extractos de una oración compuesta
por san Patricio en el siglo v d.C.

3. Para nuevos miembros de la iglesia

Señor, haz de mí un instrumento de tu paz. Donde haya odio, que yo siembre amor; donde haya heridas, perdón; donde haya duda, fe; donde haya desesperación, esperanza; donde haya oscuridad, luz; donde haya tristeza, alegría. Divino Maestro, concede que no busque tanto ser consolado como consolar; ser entendido como entender; ser amado como amar. Porque al dar recibimos, al perdonar somos perdonados, y al morir nacemos a la vida eterna.

Atribuido a san Francisco de Asís,
muerto en 1226

4. Para quienes carecen de certidumbre

Señor Jesús, tú que moriste por nuestros pecados en la cruz, y prometes recibir a todos los que acuden a ti, danos gracia para descansar en su obra terminada y para confiar en tu segura Palabra, para que sepamos que nos has perdonado, por amor de tu nombre.

5. Para perseverar en la vida cristiana

Te pedimos, Padre, que de tu gloriosa riqueza
nos des, interiormente, poder y fuerza por medio de
tu Espíritu y que Cristo viva en nuestros corazones
por la fe.

Así, firmes y con raíces profundas en el amor,
podremos comprender con todos los creyentes cuán
ancho, largo, profundo y alto es el amor de Dios y
estar completamente llenos de Dios.

Reconocemos que tienes poder para hacer
muchísimo más de lo que pedimos o pensamos,
por medio de tu poder que actúa en nosotros.

¡Gloria a ti para siempre!

Oración basada en Efesios 3.14–21

6. Para crecer en el conocimiento cristiano

Oh Señor, Padre celestial, en quien reside la plenitud
de la luz y la sabiduría, ilumina nuestra mente por tu
Espíritu Santo, y danos gracia para recibir tu Palabra
con reverencia y humildad, sin las cuales nadie puede
entender tu verdad, en el nombre de Cristo, amén.

Juan Calvino, adaptado

7. Para el crecimiento en santidad

Oh Dios, Dios de toda bondad y gracia,
tú eres digno de mayor amor
que el que podemos dar o comprender.
Llena nuestro corazón de tal amor por ti,
que nada nos resulte demasiado difícil
para cumplir o sufrir en obediencia a tu voluntad;
y concede que amándote
podamos volvernos diariamente más como tú,

y que finalmente obtengamos la corona de la vida que
has prometido a los que te aman,
por Cristo Jesús nuestro Señor.

Manual del Farnham Hostel,
perteneciente al siglo XIX, adaptado

8.　Para una fe firme en la Trinidad

Todopoderoso y eterno Dios, tú que te has revelado
como Padre, Hijo y Espíritu Santo, y vives en perfecta
unidad de amor; concede que podamos siempre
asirnos con firmeza y alegría de esta fe, que podamos
adorar tu divina majestad, y finalmente hacernos
uno en ti, quien eres tres personas en un solo Dios,
eternamente.

Iglesia del sur de la India, adaptado

9.　Para la lectura de la Biblia

Tu enseñanza, Señor, es perfecta,
　　porque da nueva vida.
Tu mandato, Señor, es fiel,
　　porque hace sabio al sencillo.
Tus preceptos, Señor, son justos,
　　porque traen alegría al corazón.
Tu mandamiento, Señor, es puro
　　y llena los ojos de luz.
Tus decretos, Señor, son verdaderos,
　　todos ellos son justos.
Son de más valor que el oro fino.
Son más dulces que la miel del panal.
Son también advertencias a este siervo
　　tuyo, y le es provechoso obedecerlos.
Señor, enséñame el camino de tus leyes,
　　pues quiero seguirte hasta el fin.

Oración basada en el Salmo 119

10. Para obtener ayuda al aprender a orar

Te pedimos, Señor Jesús, como lo hicieron tus apóstoles, que nos enseñes a orar. Porque nuestro espíritu está dispuesto, aun cuando nuestra carne es débil. Mas te damos gracias por permitir que a tu Padre llamemos Padre nuestro. Ayúdanos a acercarnos a él con la simplicidad del niño, a ocuparnos de su gloria, y a compartir con él nuestros hechos, en tu nombre.

11. Por la iglesia local

Señor Jesucristo, te alabamos porque estás edificando tu iglesia en todo el mundo. Te pedimos que bendigas a las iglesias de este país, y especialmente a nuestra propia iglesia. Que nuestro culto te sea agradable, nuestra comunión fuerte y amorosa, y nuestro testimonio en la comunidad solícita, humilde y valiente, para la extensión de tu reino y la gloria de tu nombre.

12. Por un creciente aprecio de la cena del Señor

Señor Jesucristo, te agradecemos humildemente porque elegiste pan y vino como emblemas de tu cuerpo y tu sangre, entregados en la cruz por nuestros pecados, y que nos mandaste que te recordásemos de esta manera. Profundiza nuestro arrepentimiento, fortalece nuestra fe, y aumenta nuestro amor los unos por los otros, para que, al comer y beber este símbolo de nuestra redención, realmente nos alimentemos en ti en nuestro corazón por fe, con acción de gracias, por amor a tu gran y digno nombre.

13. Por el trabajo cotidiano

Padre celestial, tú has bendecido nuestro trabajo
semanal, tanto con tu propio trabajo en la creación
como por la obra de tu Hijo en el banco del
carpintero: da a los líderes del país la sabiduría para
resolver el problema de la desocupación. Permite
que los que tenemos trabajos que realizar no sólo
encontremos satisfacción en ellos, sino también que
disfrutemos del privilegio de cooperar contigo en
el servicio a la comunidad, por Cristo Jesús nuestro
Señor.

14. Para el servicio a Dios

Eterno Dios, tú eres la luz de la mente de los que
te conocen, la alegría del corazón que te ama, y la
fortaleza de la voluntad que te sirve: permítenos
conocerte de tal manera que podamos amarte
realmente, y que de tal manera te amemos que
podamos servirte plenamente, porque tu servicio es
libertad perfecta, en Cristo Jesús nuestro Señor.

Agustín de Hipona, adaptado,
muerto en 430 d.C

15. Por la paz, la justicia y el medio ambiente

Todopoderoso Dios, tú creaste el planeta Tierra, tú
haces la paz, y tú amas la justicia. Dale tu propia
preocupación por el medio ambiente a quienes lo
están destruyendo. Establece tu paz en los lugares
violentos del mundo. Y otorga tu justicia a los
desamparados y oprimidos. Muéstranos lo que
podemos hacer para impulsar tus propósitos de amor,
por Jesucristo nuestro Señor.

16. Por la misión mundial de la iglesia

Padre celestial, tú has exaltado a tu Hijo Jesucristo al lugar más alto, con el fin de que toda rodilla se doble ante él. Gracias porque ya en todos los países hay quienes confiesan que él es Señor. Bendice a los que procuran divulgar las buenas noticias. Llénanos con tu Espíritu para que nosotros también podamos dar testimonio de Cristo. Y concede que pronto el mundo entero haya oído acerca de él y haya tenido la oportunidad de reconocerlo como su Salvador y Maestro. Por amor de su nombre. Amén.

Notas

Capítulo 1. Cómo llegar a ser cristiano

1. En *The journal of John Wesley*, anotaciones del 24 y
   29 de enero, 1738.

2. *Journal*, anotación del 24 de mayo, 1738.

Capítulo 2. Cómo estar seguro de ser cristiano

3. Howard Taylor y señora: *Hudson Taylor in early years*,
   1911, páginas 66–67. Ver también: Roger Steer, *J. Hudson
   Taylor: A man in Christ*, OMF, 1990, página 6.

Capítulo 3. Cómo crecer en la vida cristiana

4. William Wand en *The London Churchman*, agosto de
   1956.

5. Atribuido a Hal Pink en *A treasury of prayers and praises
   for use in Toc H* (1945).

Capítulo 4. Creemos en Dios Padre

6. *Treinta y nueve artículos anglicanos.*

7. *The central message of the New Testament* (SCM, 1965),
   páginas 19–20.

Capítulo 5. Creemos en Jesucristo

8. *Treinta y nueve artículos anglicanos.*

9. Por ejemplo 'El Hijo del hombre tiene que sufrir …' (Marcos 8.31).

Capítulo 6. Creemos en el Espíritu Santo

10. James I. Packer: *Keep in step with the Spirit,* InterVarsity Press, 1984, páginas 65–66.

11. Por ejemplo 1 Pedro 1.16, que cita Levítico 11.44–45; 19.2; 20.7, etc.

12. Roland Allen: *Pentecost and the world,* Oxford University Press, 1917, páginas 36, 40, 91.

Capítulo 7. Compromisos morales

13. Efesios 6.1; Colosenses 3.20. La desobediencia a los padres se considera en el Nuevo Testamento como síntoma de desintegración social (Romanos 1.30; 2 Timoteo 3.2).

Capítulo 8. La lectura de la Biblia y la oración

14. De una entrevista publicada en *Christianity Today* el 20 de abril de 1979.

15. De un capítulo titulado 'Do you pray?' en *Home truths* por J. C. Ryle, s/f, páginas 114 y 121.

16. Citado por W. E. Sangster en *The pure in heart: A study in christian sanctity,* Epworth, 1954, página 201.

17. De la exposición de Calvino sobre Mateo 6.8 en su *Comentario sobre una armonía de los Evangelios* (1558).

Capítulo 9. La cena del Señor

18. C. S. Lewis: *Sorprendido por la alegría,* Andrés Bello.

19. *Antiguo catecismo anglicano.*

20. Latimer: *Works II.* 286.

21. Cita tomada de *The journal of John Wesley,* anotación del 3 de setiembre de 1739.

22. Sesión XXII, capítulo II.

23. En la actualidad, si bien la iglesia católica romana no ha rescindido oficialmente los cánones del Concilio de Trento, está procurando reformular la doctrina del sacrificio eucarístico de forma que le resulte menos ofensivo a la conciencia protestante. Sostiene claramente que la muerte de Cristo 'fue un solo sacrificio, perfecto y suficiente por los pecados de todo el mundo' y que 'no puede haber repetición ni agregado alguno de lo que entonces se logró una vez para siempre por Cristo' (Declaración sobre *La eucaristía*, párrafo 5, pronunciada por la 'Comisión Internacional Anglicana Católica Romana'). Pero hablan de que la iglesia es recogida en Cristo en su sacrificio voluntario, de manera que nosotros compartimos esta experiencia. Sin embargo este lenguaje resulta peligrosamente ambiguo.

24. *An evangelical open letter*, carta sobre la ARCIC (sigla de la Comisión Internacional Anglicana Católica Romana), dirigida al episcopado anglicano, pascua de 1988.

25. Extraído del *Libro de oración común*.

Editoriales de la Comunidad Internacional de Estudiantes Evangélicos (CIEE) apoyan esta publicación de Certeza Unida:

Andamio, Alts Forns 68, Sótano 1, 08038, Barcelona, España.
editorial@publicacionesandamio.com
www.publicacionesandamio.com

Certeza Argentina, Bernardo de Irigoyen 654,
(C1072AAN) Ciudad Autónoma de Buenos Aires, Argentina.
certeza@certezaargentina.com.ar

Lámpara, Calle Almirante Grau Nº 464, San Pedro,
Casilla 8924, La Paz, Bolivia. *coorlamp@entelnet.bo*

A la CIEE la componen los siguientes movimientos nacionales:

Asociación Bíblica Universitaria Argentina (ABUA)

Comunidad Cristiana Universitaria, Bolivia (CCU)

Aliança Bíblica Universitária do Brasil (ABUB)

Grupo Bíblico Universitario de Chile (GBUCH)

Unidad Cristiana Universitaria, Colombia (UCU)

Estudiantes Cristianos Unidos, Costa Rica (ECU)

Grupo de Estudiantes y Profesionales Evangélicos Koinonía, Cuba

Comunidad de Estudiantes Cristianos del Ecuador (CECE)

Movimiento Universitario Cristiano , El Salvador (MUC)

Grupo Evangélico Universitario, Guatemala (GEU)

Comunidad Cristiana Universitaria de Honduras (CCUH)

Compañerismo Estudiantil Asociación Civil, México (COMPA)

Comunidad de Estudiantes Cristianos de Nicaragua (CECNIC)

Comunidad de Estudiantes Cristianos, Panamá (CEC)

Grupo Bíblico Universitario del Paraguay (GBUP)

Asociación de Grupos Evangélicos Universitarios del Perú (AGEUP)

Asociación Bíblica Universitaria de Puerto Rico (ABU)

Asociación Dominicana de Estudiantes Evangélicos (ADEE)

Comunidad Bíblica Universitaria del Uruguay (CBUU)

Movimiento Universitario Evangélico Venezolano (MUEVE)

Oficina Regional de la CIEE: Camino del río 4553, Cortijo del río, Monterrey, Nuevo León, (CP 64890), México.
cieeal@cieeal.org | secregional@cieeal.org | www.cieeal.org

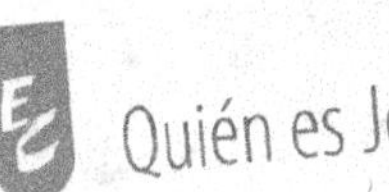

En quién y por qué creemos. Respuestas a inquietudes e interrogantes que profundizarán nuestra fe.

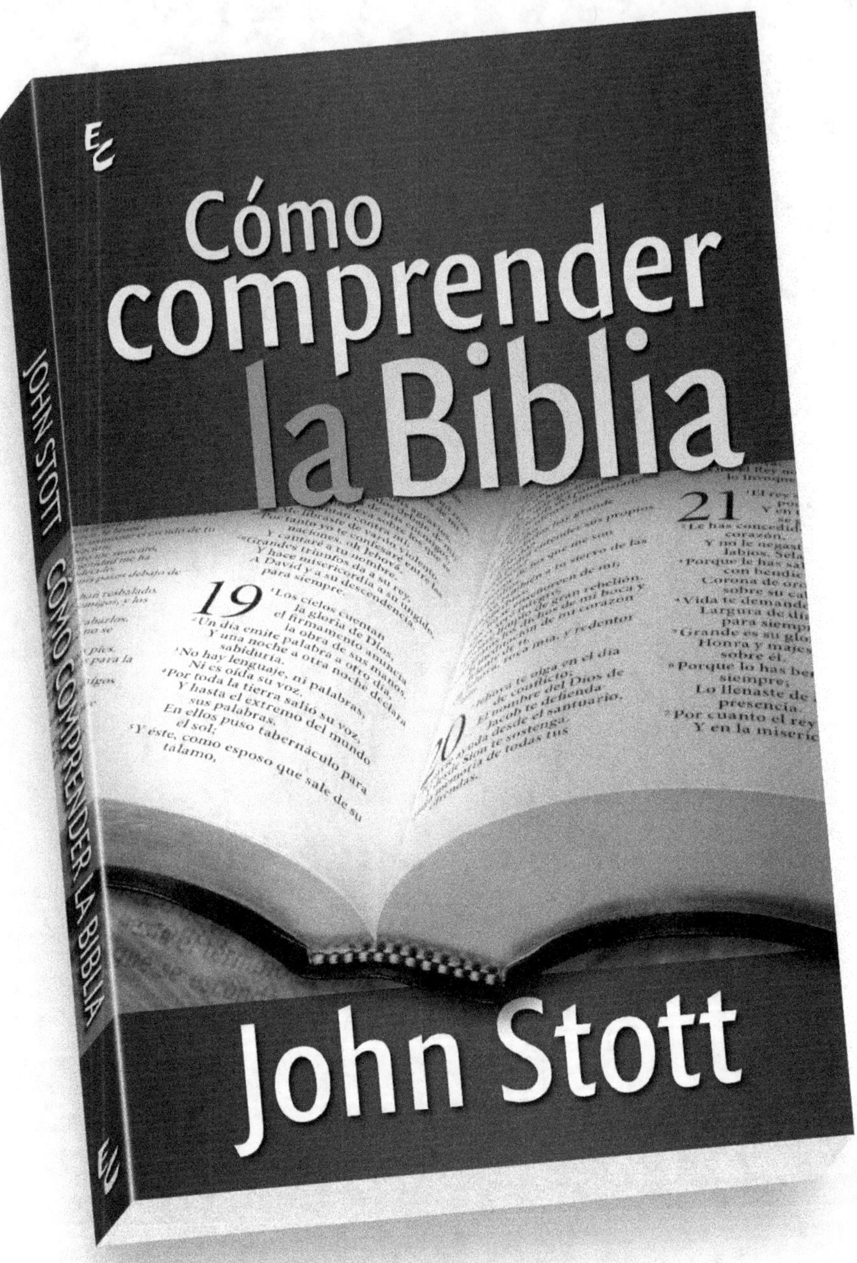

Los secretos de la madurez cristiana están en la Biblia al alcance de quién quiera descubrirlos.

Una guía práctica
que revolucionará
tu vida de oración.

El propósito de Dios es crear a través de Jesucristo una nueva humanidad. Un comentario que expone el texto bíblico con fidelidad y lo aplica a la vida contemporánea.